D0556663

ANNE-SOPHIE GIRARD
Y MARIE-ALDINE GIRARD

MANUAL DE SUPERVIVENCIA
PARA MUJERES «NORMALES»

¿Perfecta? ¡Ni loca!
Manual de supervivencia para mujeres "normales"

Título original: *La femme parfait est une connasse!*
Publicado por acuerdo con Éditions J'ai lu, París
Primera edición: octubre de 2015

D. R. © 2013, Anne-Sophie Girard y Marie-Aldine Girard

D. R. © 2015, derechos de edición mundiales en lengua castellana:
Penguin Random House Grupo Editorial, S.A. de C.V.
Blvd. Miguel de Cervantes Saavedra núm. 301, 1er piso,
colonia Granada, delegación Miguel Hidalgo, C.P. 11520,
México, D.F.

D. R. © fotografía de cubierta: iStockphoto
D. R. © fotografía de autoras: David Ignaszewski-koboy
© traducción: Maria Llopis
© prólogo: Elísabet Benavent Ferri

www.megustaleer.com.mx

Comentarios sobre la edición y el contenido de este libro a:
megustaleer@penguinrandomhouse.com

ISBN 978-60-7313-593-1

Printed in Mexico – *Impreso en México*

El papel utilizado para la impresión de este libro ha sido fabricado a partir de madera procedente
de bosques y plantaciones gestionadas con los más altos estándares ambientales, garantizando
una explotación de los recursos sostenible con el medio ambiente y beneficiosa para las personas.

| Penguin
Random House
Grupo Editorial |

*Para mamá, Daddy, las Woo girls
y todos aquellos que han hecho de nosotras
las mujeres imperfectas que somos.*

«Lo importante no es lo que han hecho
de nosotros, sino lo que hacemos
con lo que han hecho de nosotros.»

Jean-Paul Sartre

«El éxito es ir de fracaso en fracaso
sin perder el entusiasmo.»

Winston Churchill

ÍNDICE

COMENTARIOS DE ELÍSABET BENAVENT FERRI

Ser perfecta es imposible, bien lo sabemos nosotras que invertimos preciosos y preciados años de nuestra juventud para perseguir la excelencia. Es el sino de la mujer: convertirse en alguien lo suficientemente autoexigente como para no permitirse ser feliz. ¿Y cómo nos premia la vida? Con celulitis, tetas colgadas y una certeza: alcanzar la perfección es imposible. Pero es que, además, es un engaño.

¿Quién quiere ser siempre pulcra y un dechado de virtudes? Porque, como bien leí una vez en una camiseta, las chicas buenas van al cielo, pero las malas a todas partes. Y se la pasan mejor.

«Doña Perfecta»

Sí, lo sé. La teoría es reconfortante, pero en la práctica nos encontramos con que el mundo está lleno de minas anti-mujeres-reales a las que solemos apodar «Doña Perfecta». Confiésalo; nunca has estado más cerca de matar a nadie que cuando conociste a Doña Perfecta. Es odiosa, pero te sientes tan mal por desearle retortijones cada vez que la ves que hasta finges que te cae bien (o al menos que la toleras). Solemos pensar que sentimos aversión por Doña Perfecta porque quisiéramos ser tan asquerosamente perfectas como ella, pero la realidad es otra: la odiamos porque es inaguantable, y su perfección solo es la punta del iceberg de lo mucho que la aborrecemos. Es aburrida, tediosa y, lo que es peor, es la clase de persona que juzga duramente todas aquellas cosas imperfectas que tan bien nos la hacen pasar. ¿Un ejemplo? Hay miles. Doña Perfecta tiene un máster en molestarnos.

Pero empecemos hablando de la dieta. Sí, porque Doña Perfecta no solo está en forma, sino que se alimenta únicamente de cosas que le sientan bien, mientras nosotras pedimos comida china a domicilio. Y ella nos mira como a un cachorrito que huele su propia caca antes de decirnos: «El cuerpo es un templo que debes respetar». Y te dan ganas de aplaudirle por tan sabia frase... pero en la cara.

Si la cosa se quedara ahí, Doña Perfecta solo sería lo que comúnmente llamamos una «jorobona». Pero es que su superpoder de pedantería va mucho más allá. Por eso es Doña Perfecta..., sabe de todo. Y de todo lo que sabe..., lo sabe todo. Incluso es conocedora de tus ganas de darle unos buenos izquierdazos pero, en su magnificencia, te lo perdona. ¡Qué tipa!

Y mientras nosotras salimos hasta tarde, nos gastamos más dinero del que deberíamos en tragos y ropa que no nos queda bien (pero que es una ganga); mientras nosotras nos estrujamos cualquier atisbo de grano de la cara dejándonosla hecha un Cristo y cantamos vergüenzas musicales, ella lee a Proust sentada en el precioso sillón de su preciosa sala, con sus preciosas piernas cruzadas, sus preciosos tacones de infarto y una preciosa copa de vino blanco del bueno que le estamparíamos en la cabeza si no temiéramos las consecuencias legales de tal desliz. Arg, allí está ella, con su cutis perfecto, su «no papada» y su vida de película de sobremesa.

Repito: ser perfecta es un engaño

La perfección es un engaño. Me reafirmo. Porque esta señora estará siempre hermosa hasta el límite, pero nunca sabrá lo que es vivir en carne propia una vida tan «apasionante» como las nuestras. Ponerse peda, mandar un mensaje indigno a horas intempestivas (y a veces hasta equivocarse y enviárselo a tu madre), hacer amigas en el cuarto de baño de un antro mientras pides un Kleenex a voz en grito porque no queda papel, ponerte demasiado lápiz labial, salir en todas las fotos con los dientes manchados, caerte delante del chico guapo intentando hacer el famoso paso de baile de *Dirty Dancing* (o creerte que bailas bien en general), discutir con la mesera porque no te atiende pero se está tomando un trago con el guapo... y terminar a las ocho de la mañana sentada en el escalón de tu casa, comiéndote un trozo de pizza que has pagado a precio de oro en un local mugriento, mientras rezas por que tu madre no te llame para pedir explicaciones por ese mensaje lleno de consonantes que iba destinado en realidad a tu mejor amiga. Y todo en una noche..., Doña Perfecta, estás desperdiciando tu vida. La tuya es el hilo musical de Zara Home y la mía, un maravilloso concierto de Heavy Amateur.

Algunas ventajas

Está bien, lo acepto: nos ahorraríamos muchos disgustos si en algunas cosas no nos dejáramos llevar por la hija del mal que llevamos dentro. No tendríamos tantas resacas (ni tantas lagunas los domingos por la mañana). El probador de Zara no se convertiría en un baño turco con final poco feliz. No mataríamos de sed al ficus ni ahogaríamos al cactus. Pero, la verdad, me aburro con solo escribirlo. Con lo divertido que es llamar a tu amiga y reconstruir la noche anterior con los recuerdos de las dos. Con lo psicológicamente fuertes que llegamos a ser después de ir de compras y vernos en tanga bajo esa odiosa luz. Con lo monas que quedan las plantas de plástico...

Somos más, y más sabias

Nosotras, queridas, las que nos subimos descalzas en el autobús nocturno porque no aguantamos los tacones (o salimos siempre con zapato plano), las que nos inventamos las canciones a grito *pelado*, las que bebemos de más, nos cuidamos de menos y nos enamoramos del más común de los tipos que masticará nuestros corazones y lo escupirá como un chicle al que ya no le queda sabor..., nosotras..., NOSOTRAS heredaremos el mundo. Lo siento por Doña Perfecta, pero nosotras somos más, y más sabias.

Ella nunca se tira pedos, nunca llora, ni se acuesta con él la primera noche. Ella nunca se cuelga de un chico demasiado joven. Ella nunca dice «te quiero» primero. Ella nunca recibe como regalo de aniversario un cepillo de dientes eléctrico. A ella nunca la han engañado ni abandonado con un cochino mensaje de móvil o correo electrónico. A ella no la odia su suegra (porque probablemente es tan Doña Perfecta/odiosa como ella), ni ha vuelto a casa a las nueve de la mañana con el rímel corrido, perfumada de vodka, un nido de aves rapaces en lugar de pelo y el calzón en el bolso, en un vagón lleno de gente trajeada que se va a trabajar. Su vida es ABURRIDA. Porque los pedos dan risa, llorar es catártico, aunque sea porque te ha salido un grano en la nariz, y acostarte cuando te dé la gana con quien te dé la gana es un gustazo por muchas cosas: placer y libertad. ¿Qué más quieres?

LA VIDA: UNA ELECCIÓN

Somos libres y, por serlo, elegimos muchas veces equivocarnos. La vida es un empedrado de días y nosotras debemos escoger entre ese camino recto desde el que se adivina el final o el que está lleno de curvas, hoyos, montañas, caídas, valles e incertidumbre.

Ser perfecta es de una hueva tremenda. Así que, lo dicho. Yo no quiero cumplir mil años..., yo quiero llegar al final de este viaje con una copa en la mano, despeinada, sonriente y decir: ¡¡Madre de Dios, qué divertido!!

Si opinas como yo, tienes entre manos el Santo Grial de la chica imperfecta pero feliz. ¿Reconoces todas esas cosas que haces (y hasta disfrutas) pero que no confiesas por vergüenza ni ante tu mejor amiga? Pues bienvenida, porque entre estas páginas vas a descubrir el gusto que da saberte entre iguales. Un viaje por el lado más intenso de la vida que puede enamorarte más que un paseo en góndola por Venecia. Lo políticamente incorrecto de la sinceridad, que no está reñida con la buena educación; lo divertido de ser inadecuada y el engaño de esas tipas que se resisten a parecer humanas. ¡Oh, sí, bienvenida seas!

Este libro es un manual con el que no podrás evitar reírte a carcajadas a la vez que aprendes a aceptarte y ser tan feliz que hasta Doña Perfecta terminará por odiarte. Y es que las hermanas Girard tienen la clave para convertir todo aquello que nosotras consideramos puntos débiles en cosas maravillosas que nos hacen perfectamente imperfectas.

Pasa la página, abre la puerta y... diviértete.

PREFACIO
POR CHRISTINE BERROU

Buenos días.

Voy a ser muy directa. Si estás leyendo esto es que has tenido mucha suerte de haber encontrado este libro, como yo tuve mucha suerte de conocer una noche a las hermanas Girard.

Fue en el Pranzo, un lugar donde todo es posible. La prueba: sonaban canciones de ABBA.

Aquella noche me encontraba sola, de pronto alguien me tendió la mano y esa mano pertenecía a Anne-Sophie que, con la pasión de una adolescente en crisis, me dijo: «¡Ven! ¡Vamos a hacer una coreografía!» Yo no conocía a esta chica ni a su hermana gemela Marie-Aldine, a quien me presentó inmediatamente después, y de quienes desde ese momento no he vuelto a separarme.

Con este libro las gemelas Girard van a aportar algo importante a la sociedad. Ya que detrás de la aparente ligereza del índice subyace lo esencial. Porque aceptar que una es imperfecta significa acercarse a la plenitud.

Significa darles las gracias a todas las mujeres que han luchado por nuestros derechos y que han perseverado en su labor con valentía y sinceridad. Es necesario admitir que a veces hay tantos retos en la redacción de un SMS como en la de un mensaje de paz dirigido al mundo. Créanme, este libro es un primer paso hacia una vida mejor.

Quizá se pregunten quién soy. Nadie especial, solo una amiga de Marie-Aldine y de Anne-Sophie. Me propusieron escribir estas líneas porque sentía celos, ya que la idea de escribir este libro se me tenía que haber ocurrido a mí. Por cierto, una última cosa que no vas a encontrar en estas páginas: tengo una fórmula mágica para ustedes. Si algo no funciona, si su vida es tan alegre como un día de campo bajo la lluvia, mírense en el espejo, tiéndanse la mano y digan: «¡Ven! ¡Vamos a hacer una coreografía!» Funciona. Se los prometo.

PRÓLOGO

Este libro es una guía de uso para la mujer imperfecta

¡Esa mujer que somos todas!

Una mujer normal y común, con sus defectos, sus problemas y sus neurosis (sí, sí, ¡se puede hablar de neurosis!).

Es cierto, nos hemos pasado la vida queriendo parecernos a todas esas mujeres de las revistas, las de las series de televisión, a las de las comedias románticas o simplemente a las que a diario nos hacen creer que tienen más éxito que nosotras en TODO lo que hacen y que nos hacen sentir unas verdaderas inútiles...

Y, sin embargo, ¡hemos hecho tantos esfuerzos! Tantos sacrificios, tantas horas malgastadas para intentar ser mejores... Y ese ha sido nuestro error, ¡haber querido ser «perfectas»! Porque lo que debes saber desde el principio es que LA MUJER PERFECTA ES UN ENGAÑO.

¡ESTE LIBRO INTENTA QUE DEJEN DE SENTIRSE CULPABLES!

En él van a encontrar las claves para tener éxito en su imperfección. (¡Y si pudiera ayudar a los hombres a entendernos mejor, eso ya sería un lujo!)

Es posible que no se reconozcan en todos los capítulos... Pero se van a reconocer, ¡seguro que sí!

LA MUJER PERFECTA ES LA QUE NUNCA VAMOS A SER, ¡Y MEJOR ASÍ!

REGLA Nº 1

Vamos a dejar de enseñarle al estilista la foto de una modelo rubia de pelo ondulado cuando somos morenas y tenemos el pelo tan liso que no necesitamos pasarle la plancha.

LA TEORÍA DEL «YA EN ESTAS...»*

Cada lunes al levantarnos nos decimos: «Va, ¡esta semana me portaré bien!»

Pero esa misma mañana, en la oficina, unos cruasanes de chocolate nos guiñan el ojo: ¡EMPIEZA EL DRAMA!

Y ustedes dirán: «Bueno, por un cruasán de chocolate no pasa nada». ¡Es verdad!

Pero entonces, en nuestra debilitada fuerza de voluntad, empieza a tomar forma la teoría del «ya en estas»:

> «YA EN ESTAS, ¡ME VOY A TOMAR OTRO CRUASÁN DE CHO-COLATE!»

---

* También aplica el "Ya entrados en gastos".

«¿PUEDO ACABARME TUS PATATAS FRITAS? ¿CÓMO? ¡NO PASA NADA!, YA EN ESTAS...».

«¡MIERDA! ¡HE ECHADO AZÚCAR EN MI CAFÉ! BUENO, YA EN ESTAS, VOY A PEDIR UN BANANA SPLIT*».

Acéptenlo de una vez: ¡la teoría del «ya en estas» no es su enemiga! Al contrario, les ayuda a caer en la tentación sin sentirse demasiado culpables. ¿Y no es eso al final lo más importante?

---

* Véase el capítulo «¡Todas somos bulímicas!», p. 59.

LA TEORÍA DEL «YA EN ESTAS» PUEDE ADAPTARSE A TU ANTOJO

 «LLEGARÉ AL TRABAJO CON UNA HORA DE RETRASO...
Ya en estas, me tomo el día libre.»

«HE FALTADO AL GIMNASIO TODA LA SEMANA...
Ya en estas, falto todo el año.»

«ME COMPRÉ UN VESTIDO Y NO TENÍA DINERO...
Ya en estas, me compro unos zapatos y un bolso que combinen.»

«LEÍ EN EL CELULAR DE MI NOVIO DE QUIÉN ERA ESA LLAMADA PERDIDA...
Ya en estas, me leo todos sus SMS.»

«ME ROMPÍ UNA UÑA...
Ya en estas, me muerdo todas las demás».

«BESÉ A ESE CHICO...
Ya en estas, me acuesto con él.»

«LE DI UNA FUMADA A UN CIGARRO...
Ya en estas, me fumo la cajetilla».

«MANDÉ UN SMS HORRIBLE A ESE CHICO, VA A CREER QUE SOY UNA PSICÓPATA...
Ya en estas, también le dejo un mensaje en su contestadora automática y le pego un *post-it* en la puerta de su casa».

«PARTICIPÉ EN UN *REALITY SHOW*...
Ya en estas, poso desnuda para una revista».

JURISPRUDENCIA DEL FLECO

La vida de una mujer está marcada por diferentes etapas y el paso a la edad adulta es el resultado de muchos ritos iniciáticos.

El más célebre de ellos es el conocido bajo el nombre de

«RITO DEL FLECO»

Paso nº 1:

VER EN UNA REVISTA QUE KATE MOSS SE HA DEJADO FLECO.

Paso nº 2:

TOMAR UNAS TIJERAS Y DIRIGIRSE AL LAVABO.

Paso n° 3:

    CORTARSE UNA MISMA EL FLECO.

Paso n° 4:

    LLORAR AL DESCUBRIR LA REALIDAD.

Paso n° 5:

    ENFADARSE CON EL NOVIO/LA HERMANA/LA MEJOR
    AMIGA: «¿CÓMO HAS PODIDO DEJAR QUE ME HICIERA
    ESTO?»

Paso n° 6:

    PONERLO EN FACEBOOK.

Nota de las autoras: Una urgencia capilar se clasifica como «Urgencia de categoría 1».

REGLA Nº 2

*Nunca más nos haremos
pasar por embarazadas para
que nos cedan el asiento
en el autobús.*

LISTA DE CANCIONES VERGONZOSAS PERO QUE ¡NOS ENCANTAN!*

- *Wannabe*, Spice Girls
- *Explota, explota, me expló*, Raffaella Carrà
- *Macarena*, Los del Río
- *Si tú me miras*, Alejandro Sanz
- *Disco chino*, Enrique y Ana
- *Si tú eres mi hombre*, Jennifer Rush
- *Purpurina*, Alberto Gambino
- *Baby one more time*, Britney Spears
- *Cuando zarpa el amor*, Camela
- *Le coup de soleil*, Richard Cocciante

---

* Lista no exhaustiva que ha provocado un debate acalorado entre las autoras. La historia juzgará...

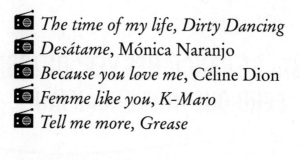

The time of my life, Dirty Dancing
Desátame, Mónica Naranjo
Because you love me, Céline Dion
Femme like you, K-Maro
Tell me more, Grease

Y LA MÁS FAMOSA DE TODAS:
Vivir así es morir de amor, Camilo Sesto

REGLAS QUE HEMOS DE SEGUIR CUANDO OÍMOS UNA DE ESTAS CANCIONES

Gritar: «¡Me encanta esta canción!»

LEVANTAR LOS BRAZOS GRITANDO: «¡¡UAUUU!!»

Subirse a una silla/mesa/tarima.

LLAMAR A NUESTRA MEJOR AMIGA PARA QUE LA ESCUCHE MIEN-TRAS LE DECIMOS: «¡¡¡EH!!! ¿¿¿RECONOCES ESTA CANCIÓN*???...»

---

* Un estudio cuyos resultados siguen siendo confidenciales revela que «¡Nadie ha reconocido nunca ESA canción!»

Tomarse de la mano mientras se salta frenéticamente.

CANTAR MUY FUERTE EL FINAL DE LA CANCIÓN.

Ponerlo en tu estado de Facebook: «¡¡Súper!! Acabo de oír "Explota, explota, me exploó"... ¡¡Me encantaaaaa!!»

HACER PLAYBACK DELANTE DE UN ESPEJO.

Ir a ver al DJ para decirle que es el mejor.

ECHARSE A LOS BRAZOS DE NUESTRA MEJOR AMIGA, EMOCIONADA, PORQUE ES «NUESTRA CANCIÓN».

Iniciar «nuestra famosa coreografía» (previamente ensayada en la sala de una amiga) que incluye figuras en el suelo y otras piruetas.

LA FIESTA DE DESPEDIDA DE MIGUEL

Todos tenemos un compañero de trabajo, a quien aquí llamaremos Miguel (porque realmente es un nombre de pila de compañero de oficina; ¿acaso no se dice: «Mira, te presento a mi compañero Miguel»?).

Pues bien, nuestro buen amigo Miguel por fin se jubila...

TRUCOS E IDEAS PARA SU FIESTA DE DESPEDIDA:

- Hacer la colecta del dinero tú misma, así nadie se dará cuenta de que no has pagado.
- Tomar los 300 pesos de Sandra, añadir 50 pesos y dar los 350 pesos diciendo: «De parte de Sandra y mía.»

Otras ideas:

 Solo deben hacer regalos de cumpleaños a las personas que también se los harán a ustedes.

 En el momento de pagar la cuenta del restaurante, tomen la iniciativa y empiecen a recoger el dinero de los demás, ya que, si tienen suerte, con las propinas y lo que se añade de más, ¡tal vez puedan pagar su parte!

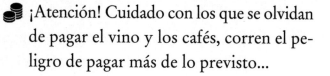 ¡Atención! Cuidado con los que se olvidan de pagar el vino y los cafés, corren el peligro de pagar más de lo previsto...

¿CÓMO SABER SI SOMOS «DEMASIADO GRANDES PARA ESAS TONTERÍAS»?

PORQUE NUESTRAS SALIDAS YA NO SE PARECEN A ESTO:

- Ir de fiesta el viernes y el sábado.
- VESTIRSE COMO UNA «PROFESIONAL»* PARA IR AL ANTRO.
- Mezclar whisky y coca-cola en una botella de plástico «para el camino».
- TOMARSE EL APERITIVO EN EL ESTACIONAMIENTO DEL ANTRO.
- Morirse de frío por no tener para pagar el guarda ropa.
- ASISTIR A UN CONCIERTO DE RAP «EN EL FOSO».

---

* Profesional = puta.

- Asistir a un concierto de rap (simplemente).
- **SUBIRSE A BAILAR A LA BARRA DEL ANTRO.**
- Hacer un concurso de cervezas.
- **TOMARSE UNA CERVEZA BARATA (Y PREFERIBLEMENTE TIBIA).**
- Acabarse las copas de los demás en un bar porque no te queda dinero para un tequila.
- **ENAMORARSE DE UN CHAVO GUAPO.**
- Esperar hasta las seis de la mañana y tomar el primer autobús para volver a casa.
- **HACERSE UNA «BULIMIA» AL LLEGAR DE FIESTA (SIN PERDER NI UN GRAMO).**
- Dormir en el suelo en casa de un amigo.
- **DORMIR EN EL COCHE.**
- Pasar la noche en blanco.

EL BAREMO SILVERDRAKE

Existe una jerarquía en el género humano. Por lo tanto, se ha establecido un baremo muy simple para que nos situemos y situemos a los demás en esta escala (que va del 1 al 10).

Aunque no se ha logrado fechar con precisión la creación de este baremo, se encuentran huellas de su existencia incluso en la segunda mitad de la era glacial.

Un poco de historia...

Este baremo recibe el nombre de «Baremo Silverdrake» o «Jurisprudencia Silverdrake».

Según la leyenda, Bobby Silverdrake, un joven granjero de Minnesota que no tenía ningún encanto natural (un 5), se casó con la bella Nelly Newman (un «9», elegida reina del baile de la promoción de 1961).

En efecto, en el verano de 1962 (un verano muy caluroso), Bobby salvó la vida de *Piggy*, el cerdo de los Newman, que se estaba ahogando en un estanque...

A los ojos de todo el mundo, ¡Bobby se convirtió en un héroe! ¡Había nacido un «8»!

Nadie puede decir si esta leyenda es cierta, pero siempre queda la esperanza para todos los «5» del mundo.

🏆 Compórtate siempre como la cifra que quieres ser y no como la que se supone que eres. Si eres un 6, ¡compórtate como un 7!

🏆 Y nunca pierdas de vista que no hay nada escrito y que tu nota evoluciona constantemente. Recuerda a Bobby Silverdrake...

¿EN QUÉ LUGAR ESTÁS EN UNA ESCALA DEL 1 AL 10?

Es muy difícil juzgarse a una misma. Para ayudarte a tener una nota, no dudes en pedir la opinión de tu entorno:

«Si tuvieras que darme una calificación sobre 10, ¿cuál calificación me pondrías?»*.

¿CÓMO HACER EL CÁLCULO?
Calificación que nos atribuimos
+ Calificación que nos da nuestro entorno

Dividido por 2
=
NOTA REAL

---

* ¡Cuidado, la respuesta puede resultar muy violenta para alguien que no esté preparado! Darse cuenta de que nuestros amigos nos ven como un 2 cuando creíamos ser un 8 puede ser muy frustrante.

ALGUNAS REGLAS BÁSICAS:

- Un 6 puede salir con un 5 o +.
- Si un 6 sale con un 8, se convierte automáticamente en un 7 (promedio de nuestra nota y la de nuestro entorno).
- El caso recíproco es el mismo: un 9 que sale con un 7 se convierte automáticamente en un 8.
- Un buen 5 a veces es más valioso que un mal 6.
- Un 6 puede convertirse fácilmente en un 7 con una buena iluminación (y al revés).

LA MUJER PERFECTA SABE RECIBIR

Cuando tiene invitados, la mujer perfecta cocina todo el día. Pone platos grandes debajo de los pequeños y su sala y comedor parecen recién salidos de Wisteria Lane.

Por el contrario, cuando nosotras tenemos invitados en casa, no paramos de repetir: «¡No mires mucho todo el desorden!»

Además, nunca tenemos dos vasos idénticos (hay que elegir entre el de Mazinger Z y Los caballeros del zodiaco), y no hemos previsto nada para comer, porque «¡Comer es hacer trampas!»

Y AUNQUE CREAMOS QUE SOMOS ASÍ COMO MUY SENCILLAS Y NATURALES, ¡NO PERDAMOS DE VISTA QUE LA MUJER PERFECTA SIEMPRE ESTARÁ AHÍ PARA JUZGARNOS!

FRASES DE ESTÚPIDOS

«¡Qué bonitos son los departamentos pequeños! Si lo comparas con mi *loft*, ¡es más acogedor!»
¡Y sobre todo menos caro!

«¡Oh, veo que trajiste champaña! Vaya, ¿es vino espumoso? Bueno, la intención es lo que cuenta...»
De haberlo sabido, habría traído un vino en tetrapack.

«Pero ¡qué dices! ¡Ya tenemos bastante con el surimi! Me gusta comer poco por la noche.»
Sí, la mujer perfecta es educada.

«Sospecho que Virginia no hizo ella misma la taramosalata. ¡Le quito dos puntos!»

Sí, la mujer perfecta olvida a menudo que no está en el programa Una cena casi perfecta.

«Acabo de instalar piso de linóleo, ¿te importa ponerte las pantuflas?»

No comment.

REGLA Nº 3

Hay que odiar a la nueva novia del ex de tu mejor amiga, ¡¡siempre!!

VACACIONES ASQUEROSAS

Todas tenemos la impresión de que las demás pasan unas vacaciones geniales en lugares paradisíacos con otra gente fantástica.

¡FALSO!

Todo el mundo ha pasado, pasa o pasará un día **«UNAS VACACIONES DE MIERDA.»**

Ejemplos:

- Taller de risoterapia
- *Trekking* en la sierra

- Compartir un búngalo con nuestro compañero Miguel (véase p. 43)
- Central Park en solitario
- Visita a las gargantas del Tarn bajo la lluvia
- Tres días en un albergue
- Circuito: visita a Gijón y su zona industrial

FRASES DE ESTÚPIDO:

«Creo que si no duermes en casa de un lugareño, realmente no conoces el país.»

«¡Qué gracia, no estás bronceada!»

«¡¿Has estado en Tailandia un mes y no hablas tailandés con fluidez?!»

¡TODAS SOMOS BULÍMICAS!

Cuando estamos a dieta, la «bestia» que acecha en nuestro interior es capaz de salir a la calle en plena noche fría, en *pijama*, y recorrer un kilómetro andando para conseguir un trozo de queso o una tableta de chocolate.

Si lo supieras, tirarías a la basura el resto del pastel de chocolate para evitar comértelo.

¡ERROR!

Con tirarlo a la basura no basta. ¡Hay que sacar la basura a la calle!

¡¡CUÁNTAS DE NUESTRAS HERMANAS DE DIETA HAN IDO A RE-CUPERAR EL PASTEL DEL FONDO DEL CUBO DE LA BASURA!!

N.B.: Tienes la posibilidad de echar lejía en dicha tentación, con lo que el pastel ya no será comestible. (Con excepción del personaje de Miranda en un episodio de *Sex and the City*, que derrama detergente en un pastel de chocolate pero eso no le impide comérselo.)

LA TEORÍA DEL BOTE
DE CACAHUATES

Cuando tomemos el aperitivo, el bote de cacahuates debe estar colocado a una distancia superior a los ochenta centímetros para ¡evitar cualquier tentación!

PLANO DE UNA MESA

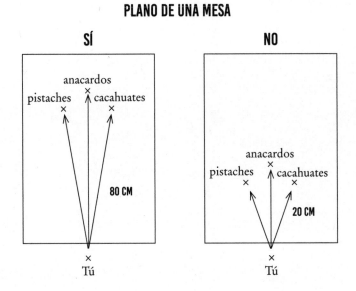

SÍ

NO

anacardos
pistaches   cacahuates

80 CM

Tú

anacardos
pistaches   cacahuates

20 CM

Tú

Del mismo modo, cuando estés en un restaurante, rechaza categóricamente la carta de los postres, ¡¡ni siquiera para echarle un vistazo!!

REGLA Nº 4

Nunca hay que decir en público: «¡Pues a mí Bob Esponja me parece muy sexy!»

¡ESTA VENDEDORA
ES UNA TONTA!

🛒 Cuando le pides una talla 40 y se atreve a contestar: *«Oh, lo siento mucho, las tallas grandes se nos terminaron enseguida.»*

🛒 Cuando esa vendedora, que va vestida como un saco, osa decirnos, hablando de un abrigo que nos gusta mucho: *«¡Yo me he comprado el mismo!»*

🛒 Cuando nos dice: *«Solo nos quedan las tallas 32 o 34.»*

🛒 Cuando nos anuncia que el descuento ya no es válido desde esa mañana.

🛒 Cuando se niega a que le devuelvas un artículo porque le quitaste la etiqueta.

🛒 Cuando nos mira con ese aire de desafío al anunciarnos que *«la versión en piel es mucho más cara»*.

🛒 Cuando nos cierra la puerta en la nariz, después de cruzar corriendo la ciudad, porque *«¡son casi las ocho!»*

🛒 Cuando nos da a entender que en una tienda de lujo* no estamos en el sitio adecuado.

🛒 Cuando pides unos zapatos del número 7 y te dice: *«Oh, lo siento, este es un modelo para mujer»*.

🛒 Cuando le sienta fenomenal el vestido que nos acabamos de probar y nosotras parecemos un oso.

EN TODOS ESOS CASOS, DEBEMOS DECIRNOS QUE ESA VENDEDORA
¡ES REALMENTE TONTA!

---

* Jurisprudencia *Pretty Woman*.

FOTOGRAFÍA: LAS POSES IMPUESTAS

Cuando nos sacan fotos hay algunas «poses» que dominamos todas; aun así, no está de más hacer un recordatorio.

LAS ACONSEJADAS:

— El guiño
— El brazo hacia arriba
— El beso

LAS PROHIBIDAS:

— El pulgar hacia arriba
— La V de la victoria

- Las orejas de conejo
- Cualquier gesto grosero o con connotación sexual

La armonía de una foto de grupo depende de la homogeneidad del grupo, por lo que:

¡NADA DE INICIATIVA PERSONAL!

☞ Pónganse de acuerdo previamente. ¡Un gesto ridículo en una foto de grupo que pretende ser glamurosa es un desastre!

☞ Nunca poses en una foto de grupo en bikini si por lo menos no hay una chica más rellenita que tú.

☞ En el momento en que el grupo valide la foto, ¡piensa en mirar también a los demás! No queda nada bien exclamar: «¡Está muy bien!», cuando eres la única que no cerró los ojos.

CÓMO ESTAR SIEMPRE SÚPER EN LAS FOTOS

Existen otras técnicas menos conocidas pero que la mujer perfecta domina a las mil maravillas:

LA «MARIAH CAREY»

La técnica denominada «Mariah Carey» también recibe el nombre de la «técnica del brazo».

Cuando te coloques delante del objetivo, pon la mano sobre la cadera y tira el codo hacia atrás.

De este modo, el brazo parecerá más fino.

La «Karl Lagerfeld»

La técnica denominada «Karl Lagerfeld» es la que consiste en pegar la lengua al paladar cuando se toma la foto. El resultado es discreto, pero permite evitar el efecto «doble mentón».

El «muslo aplastado»

Por último, el «muslo aplastado» debe su nombre a que consiste en mantener los muslos aplastados en las fotos (cuando estás sentada), elevando ligeramente la pierna.

N.B.: Estarán de acuerdo en que, haciendo públicas estas valiosas indicaciones, las autoras demuestran un inmenso acto de generosidad, pero también de confianza.

¡Sean dignas de ellas!

¿CÓMO SABER SI TIENES UNA VIDA DE MIERDA?

— Comes sola delante de un espejo.
— Celebras el cumpleaños de tu gato.
— Recibes un solo SMS de Año Nuevo, el de tu operador de telefonía.
— Conoces los nombres de todas las regiones de tu país.
— Tu único amigo en MySpace es Tom.
— Aún estás en MySpace.
— Te sientes supercontenta cuando empiezan las carreras de motos.
— Has apuntado en tu agenda: «Domingo: descongelar el congelador.»
— Tienes la colección de pins de México 86.

— Tienes un peluche de Garfield pegado en el retrovisor.

— Te has comprado la serie completa de *Walker, Texas Ranger*.

— Te entrenas para batir un récord (cualquiera).

— Los niños de la colonia te llaman «La loca de los gatos».

— Tu hija te llama «señora» en público.

— Tu perro siempre camina tres pasos detrás de ti.

— Tu compañera de trabajo desde hace seis años te ha preguntado: «¿Tú trabajas aquí?»

REGLA Nº 5

No hay que llevar nunca un abrigo blanco. Serás un target para que la gente derrame su bebida en ti.

¿CÓMO MANTENER TU DIGNIDAD ESTANDO COMPLETAMENTE BORRACHA?

¿En cuántas fiestas, cenas, celebraciones de cumpleaños te has pasado «al otro lado» sin darte apenas cuenta? No puedes negarlo:

¡ESTABAS COMPLETAMENTE BORRACHA!

Regla Nº 1:

Evita hablar demasiado cerca de la gente o echarle el aliento a la cara...

Regla nº 2:

Puesto que tienes el sentido del equilibrio alterado, no debes olvidar que cualquier accesorio puede ser útil para apoyarse: la barra, una pared, un vigilante...

Regla nº 3:

Evita repetir: «¡Estoy muy borracha! ¡Eh, tú! ¡Estoy totalmente borracha!»

(La verdad es que no vale la pena decirlo, ¡ya se ve!).

Las diferentes etapas de una noche de fiesta

TEST: ALCOHOL.
¿QUÉ TIPO DE BEBEDORA ERES?

(Test reservado para las que beben)*.

BEBES ALCOHOL:

A. Solo en Año Nuevo.

B. A veces durante el fin de semana.

C. Solo los días que acaban en *s* o en *o*.

PIDES:

A. Un coctel de champaña.

B. Tequila, ginebra, vodka...

C. Lo que sea, de todos modos ya estás borracha.

---

* Como la mayor parte del contenido de este libro.

ALGUNA VEZ:

A. Estás achispada (alegre).

B. Estás borracha.

C. Te has despertado sola en una sórdida habitación de motel con una camiseta que dice «*Welcome in Minnesota*».

Resultado: Da igual, solo era para hacer un test. También era una buena ocasión para incluir en el libro las palabras «achispada» y «Minnesota».

¡ESTOY *ENFEDDMA!*

Bella, lozana, solo con la punta de la nariz algo roja... Cuando está enferma, la mujer perfecta sabe mantenerse digna. Puedes imaginarla con su bonita *pijama* y sus gruesos calcetines de lana y sobreviviendo solo a base de infusiones.

En cambio, nosotras, con la nariz que parece un tomate y unos ojos de perrito apaleado y ese aspecto que parece decir: «¡Acaba conmigo de una vez!»

¡Estamos *enfeddmas* y se nota!

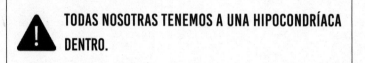 **TODAS NOSOTRAS TENEMOS A UNA HIPOCONDRÍACA DENTRO.**

«¡¿Cómo?! ¡¡Pues claro que existe el cáncer de codo!!»

«Para Navidad me haré una autorrevisión médica.»

«Seguro que dirás que estoy paranoica, pero estoy segura de que ayer tuve un aneurisma.»

REGLA Nº 6

Nunca más deberemos empezar las frases diciendo: «Entonces, ya estaba completamente borracha cuando...»

ZAPATOS PARA ESTAR SENTADA

¡Nos gustan, nos encantan los zapatos de tacón!

¡El problema es que este sentimiento no es recíproco!

Pero ¿cómo se las arreglan las mujeres perfectas para permanecer subidas en sus tacones toda la noche? En cambio nosotras, al cabo de dos horas, tenemos los dedos de los pies que parecen minisalchichas cocteleras...

«¡Con lo cómodas que son unas pantuflas!»

¡MENTIROSAS!

Vamos a ver:

— ¡Incluso con unos Louboutin te acaban doliendo los pies!
— Es imposible que Victoria Beckham no tenga los pies hechos polvo, deformados debido a que lleva tacones de 12 cm (juanetes, callos...).
— ¡Las chicas que se sienten cómodas con tacones altos miden obligatoriamente menos de 1.60 m*!

---

* Todas las mujeres que miden entre 1.55 y 1.59 m pero que declaran medir 1.60 m.

PERO ¿QUIÉN PUEDE AGUANTAR LOS TACONES A LAS TRES DE LA MADRUGADA?

A medida que transcurre la noche, ¡cada vez resulta más difícil aguantar con tacones altos!

¿Quiénes son las mujeres que los llevan puestos hasta el final de la noche?

ESQUEMA CIENTÍFICO: LOS TACONES

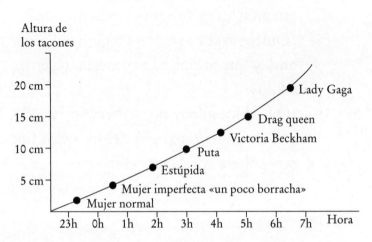

CELOS ENTRE CHICAS

Es humano sentir celos entre chicas.

No debemos negarlo... **No es normal que nunca hayas tenido celos de alguien, y si los tienes, tranquilízate, otra los tendrá de ti...**

— ¿Quién no se ha sentido feliz al constatar, después de las vacaciones, que su amiga está mucho menos bronceada que ella?
— ¿Quién no se ha puesto a régimen al comprobar que su amiga ha conseguido perder 5 kilos?
— ¿Qué chica soltera no ha pensado, cuando una amiga ha roto su relación: «¡Por fin, otra soltera con la que salir!»?

— ¿Quién no se ha sentido orgullosa al notar que un chico la prefiere a ella antes que a su amiga?

— ¿Quién no ha ahogado una risita al saber que una amiga ha engordado 3 kilos?

— ¿Quién no ha dicho alguna vez a una amiga que aquel vestido le sienta muy bien, cuando parece un cerdito?

Si has contestado «¡Yo!» a todas estas preguntas, puede ser que seas una mentirosa o bien una «tonta»... ¡Y, sinceramente, no sé qué es peor!

¿CÓMO ELEGIR TU FOTO DE FACEBOOK?

Sean conscientes de que será la primera imagen que la gente que no han visto desde hace quince años tendrá de ustedes. Por lo tanto, su elección ha de ser altamente estratégica*.

Den prioridad a un retrato falsamente misterioso y algo sexy que parezca dar a entender:

«¡Mírame, mundo! ¡Soy una mujer libre y desinhibida!»

---

* Véase el capítulo «Cómo estar siempre súper en las fotos», p. 69.

👎 Fotos que hay que evitar:

— Una foto en bañador, lo que equivale a llevar escrito en la frente: «Chica fácil».
— Una foto con tu chico, ¡salvo que esté muy bueno!
— Una foto con tu gato, sobre todo si está muerto...

No pongan una foto donde parezcan estar «muy buenas». Debe ser creíble. Así evitarán cualquier decepción si en el futuro quedan con alguien.

CUANDO CANTAN EN INGLÉS
¡SE SABEN LAS LETRAS!

¡Que la que nunca haya cantado «*Fust awat afrai-dawil petrufied!**» tire la primera piedra!

Es verdad, cantamos «chapurreando»**, pero ¿lo importante no es saberse el final de la frase?

«Lalalala... I was petrified...
lalalalalala... By my side...».

¡Es muy importante parecer que estamos muy seguras e inspiradas!

---

* Perdón, Gloria Gaynor.

** Eso de cantar «chapurreando» es una técnica que consiste en cantar produciendo sonidos, onomatopeyas y sílabas que hacen creer que se trata de una lengua real.

¡No lo duden! ¡Láncense! Hay muchas posibilidades de que las personas que están a su alrededor tampoco se sepan las letras.

Eviten hacer eso en los países anglófonos, enseguida se notará y puede ser muy humillante para ustedes o para su entorno.

NOSOTRAS, INCLUSO EN ESPAÑOL, TENEMOS PROBLEMAS

Cuando cantamos, a veces las letras nos quedan más o menos así:

«Quince años tiene mi amor» del Dúo Dinámico se puede convertir en «Quince años tiene el mamón.»

El «Hijo de la luna» de Mecano perdía toda su dignidad al ser cantada como «Hijo de la puta».

En la canción «Mala vida» de Mano Negra, la frase «cada día se la traga mi corazón» se transforma por arte de magia en «camiseta de mi corazón».

A veces, ignorar lo que se canta puede tener ciertas ventajas, puesto que la traducción de algunas canciones puede suponer una decepción.

SEX MACHINE / James Brown
«Get up, Get on up, Get up, Get on up, Stay on the scene, Get on up, like a sex machine, Get on up».
«Levántate, ponte encima. Levántate, ponte encima. Vete al escenario, súbete, como una máquina de sexo, súbete.»

EL TEST DE LOS JEANS

Todas tenemos en el armario unos *jeans* de referencia.

Unos *jeans* que nos probamos de vez en cuando para comprobar que no hemos engordado demasiado y que llamamos simplemente:

«LOS *JEANS* DE PRUEBA*».

¡Qué gran alegría! ¡Qué victoria para nosotras cuando logramos embutirnos en nuestros viejos 501!

Pero a veces el *test* falla y entonces ¡es dramático!

---

* Se consideran «*jeans* de prueba» todos los que hemos llevado por lo menos una vez. Es decir, no valen aquellos que compramos «para cuando perdamos esos 3 kilos».

A ver, seamos sinceras, la última vez que logramos llevarlos puestos en público fue después de una gastroenteritis.

FRASES QUE PODEMOS REPETIR PARA SUBIRNOS LA MORAL EN CASO DE FRACASO:

«¡Es normal! En verano, con el calor retenemos líquidos.»

O:
«¡Es normal! En invierno siempre tenemos 3 kilos de más.»

Y si alguna vez ni siquiera puedes meter un muslo dentro, siempre puedes decirte:
«¡Qué más da! De todos modos, ya nadie lleva unos 501.»

REGLA Nº 7

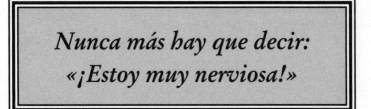

Nunca más hay que decir:
«¡Estoy muy nerviosa!»

SOY UNA PRINCESA Y UNA PRINCESA NO HACE CACA

---

* Si se sienten decepcionadas, siempre pueden consultar el capítulo titulado «¡¿Quién se echó un pedo?!», p. 175.

¿CÓMO REACCIONAR DELANTE DE UN BEBÉ FEO?

Al contrario de la idea preconcebida que todo el mundo tiene en la cabeza, no todos los niños son bonitos. ¡Algunos son realmente feos!

Un consejo en estos casos, ¡evita hablar demasiado!

Por ejemplo:
Párate ahí: *«¡Qué sonriente es!»*
No añadas: «Pero ¿es normal tanto cabello?».

«Me resulta imposible decir si se parece a su padre o a su madre.»

«Eso es, ya lo tengo. ¡A nada! ¡No se parece a nada!»

«Parece muy agradable todo el personal de la clínica».

«Con un poco de suerte, te han cambiado el bebé y pronto recuperarás el tuyo.»

«Es... gracioso.»

«Lo importante es que sea guapo de mayor.»

«Es... listo.»

«Porque va a tener que desarrollar otras cualidades... como el sentido del humor, por ejemplo.»

ELLAS CONSIGUEN QUE LAS PLANTAS NO SE LES MUERAN

... Mientras que nosotras aún no hemos entendido si hay que regar o no un cactus*.

Es verdad que somos capaces de comprar una maceta de albahaca en un mercado creyendo que se trata de perejil..., pero ya hemos entendido que tenemos suficiente con comprar bellas plantas de plástico.

---

* De todos modos, en este libro no vas a encontrar la respuesta a esta duda.

Mensaje destinado a la florista de mi colonia:

    «Esta planta necesita muy pocos cuidados»,

¡es una mentira como una catedral!

    O bien:

SI UNA PLANTA NECESITA MUY POCOS CUIDADOS,

¡ES QUE SE MUERE MUY RÁPIDO!

REGLA Nº 8

Nunca hay que decir en público: «¡Qué cómodos son los crocs!»

VERGÜENZAS INCONFESABLES

Ya habrán entendido que este libro pretende que dejemos de sentirnos culpables.

No, no son las únicas que:

- *No se depilan las piernas* con motivo de una primera cita, para no caer en la tentación.
- *Se vuelven a maquillar un poco* (tras haberse desmaquillado) antes de meterse en la cama con su chico. (Primera semana de relación, ¡claro está!)
- *Presentan una denuncia* de robo de la moto porque no recuerdan dónde la estacionaron.

En la lista de las vergüenzas inconfesables, siempre hay una subcategoría que vamos a denominar «errores de juventud»:

— *Riesgos capilares* (tinte de pelo, cortes, permanentes, etcétera).
— *Cejas afeitadas* para parecer rapera (periodo «Kris Kross»).
— *Tatuaje artesano* (hecho con un compás y un cartucho de tinta).
— *Dejarlo todo* para seguir la gira de los World's Apart.
— *Oreja perforada* (o cualquier otra parte de nuestra anatomía) con una aguja y un cubito de hielo.
— *Amenaza de suicido* a raíz de la muerte de Kurt Cobain («¡*Quiero irme con Kurt*!»).

TUS VERGÜENZAS INCONFESABLES
(A RELLENAR POR TI MISMA)

TUS VERGÜENZAS INCONFESABLES

- ....
- ....
- ....
- ....
- ....
- ....
- ....
- ....
- ....
- ....
- ....
- ....

TUS ERRORES DE JUVENTUD

- ....
- ....
- ....
- ....
- ....
- ....
- ....
- ....
- ....
- ....
- ....
- ....
- ....

LA TEORÍA DEL «BARNIZ DE UÑAS DESCARAPELADO»

Uno de los misterios del universo reside en el hecho de que la mujer perfecta SIEMPRE lleva el barniz de uñas IMPECABLE.

¿Cómo puede ser?

¿Cómo lo hace?

(Mientras que a nosotras siempre nos parece que ya nos lo ponemos descarapelado).

Testimonios

Laura: «*Una vez, sentí tanta vergüenza por el estado de mis uñas que dije a mis compañeras de trabajo que fue mi hija de 7 años la que me las pintó.*»

Isabel: «*Yo me pinto las uñas y luego paso qui-taesmalte alrededor para quitarme el sobrante.*»

Frases de estúpida:

«Perdóname por el barniz de uñas, ¡qué vergüenza! ¡Me hace parecer tan descuidada!»
Ni siquiera vemos de qué habla.

«Tengo un problema con la uña de mi índice iz-quierdo, esta semana sin falta tengo que ir a retocar mi *manicure*.»
Pero ¿por qué? ¡Córtatela con los dientes!

«Tengo una amiga que es protésica ungular; si la llamo, podrá atenderte de urgencia entre dos pa-cientes.»
No comment.

¿CÓMO COMPORTARSE CON LA NUEVA MUJER DE TU EX?

Las autoras se disculpan, aún no han hallado ninguna respuesta a esta pregunta.
POR LO TANTO, ¡HAGAN LO QUE PUEDAN*!

---

* De todos modos, hagas lo que hagas, ella no te gustará y a ella no le gustarás.

PUTA/NO PUTA

Puta: Sustantivo femenino que designa a una chica cuya pretensión es provocar sexo.

A los hombres les encanta, aunque nunca lo confiesan en público y prefieren decir que las encuentran «vulgares».

Nota de las autoras: Está permitido usar algunos accesorios tipo puta (sobre todo en verano), pero debe hacerse con precaución.

Según las zonas del país, hay varios nombres para referirse a las putas, por ejemplo: zorra, ramera, golfa, casquivana, buscona, y el más fino: prostituta.

No descuides nunca a la puta que llevas dentro, ¡te puede ser muy útil algún día!

¿QUÉ TIPO DE PUTA ERES?

Marca con una cruz lo que tengas y lo que coincida con tu forma de actuar:

- ☐ Un *manicure* francés.
- ☐ Tetas operadas.
- ☐ Un perro de menos de 50 cm.
- ☐ Una falda de menos de 50 cm.
- ☐ Un tatuaje por debajo de los riñones.
- ☐ Un coche pequeño.
- ☐ Un diamante en el ombligo/la uña/el diente.
- ☐ Un novio que hace *striptease*.
- ☐ Extensiones capilares... ¡Y se ven!
- ☐ Crees que Pamela Anderson es «muy elegante».
- ☐ Fumas cigarrillos Vogue.
- ☐ Sabes usar una barra de *pole dance*.

- [ ] Te pones contorno de labios oscuro con un pintalabios claro.
- [ ] Crees que «nena» es un cumplido en la boca de un chico.
- [ ] Has cambiado tu nombre por uno que suene a gringo.
- [ ] Has participado/quieres participar en un *reality show*.

RESULTADO:

- Si has marcado más de 6 casillas: eres un poco puta.
- Si has marcado más de 10 casillas: eres bastante puta.
- Si has marcado más de 12 casillas: eres Pamela Anderson.

PERJUDICA GRAVEMENTE LA SALUD

La mujer perfecta no fuma y lo único que podemos hacer es felicitarla por ello.

Pero ¿por qué se siente que tiene la misión de impedir que las demás lo hagan?

FRASES DE ESTÚPIDA:

«Es muy malo para la salud, ¿lo sabes?»

«Cof, cof, cof» (*tos de estúpida*).

«¿Has probado con la hipnosis?»

«¿Eres consciente de que te estás autodestruyendo?»

Gesto de estúpida:

Este gesto consiste en apartar con elegancia el humo de tu cigarro, con una actitud ultrajada y molesta, hasta de asco.

Además, cuando recibe, la mujer perfecta prohíbe a sus invitados que fumen en su casa.

Por lo tanto, aunque la fiesta fuera genial, los invitados solo dirán: «Era aburridísima, ¡ni siquiera podíamos fumar!»

REGLA Nº 9

Hay que evitar gritar: «Solo es vodka, ¡no mancha!»

LISTA DE COSAS PROHIBIDAS EN UN ANTRO

— Usar el término «discoteca».
— Subirse a la barra (*reservado a las menores de 20 años*).
— Subirse al podio (*reservado a las menores de 30 años*).
— Subirse a un banco (*reservado a las menores de 40 años*).
— Besarse con un chico (*reservado a las menores de 20 años*).
— Besarse con el DJ (*reservado a las menores de 30 años*).
— Besarse con el de seguridad (*reservado a las menores de 40 años*).
— Sentarse en la taza del escusado.

— Pedir que bajen el volumen de la música.

— Sacar del bolso un buen libro.

— Ir a felicitar al «disc jockey» por su magnífica selección.

— Pedir al de seguridad que eche un vistazo a tu moto, «que está estacionada justo en la esquina».

— Salir del baño gritando: «No entren, ¡he vomitado!»

— Salir del baño gritando: «No entren, ¡he hecho caca!»

¡LO HE HECHO YO!

¡La mujer perfecta sabe cocinar!

Pero cocina de verdad... Por ejemplo, ¡hace sus propios rollitos de primavera!

Entonces la primera pregunta que hay que hacerse es:

«¡¿POR QUÉ?!»

Es verdad, es de imbéciles. ¿Por qué hace los rollitos de primavera? ¡Que los compre! ¡Es mejor!

Lucía: *«Una vez calenté una tortilla envasada al vacío... Estaba tan emocionada que le hice una foto para enviársela a mi familia. En casa de mi abuela, encima de la chimenea, hay una foto mía al lado de una tortilla.»*

FRASES DE ESTÚPIDA:

«Para postre, he pensado en una crema pastelera perfumada con unas gotas de vainilla.»
Vaya, ¡lo que sería un Danet!

«Me hago mis propios embutidos.»
¿¿¿???

«Puedo hacerte un suflé de queso con los ojos vendados.»
Por favor, recuérdanos la definición de «con los ojos vendados».

«No es tan complicado, solo hay que seguir la receta.»
No comment.

LA TEORÍA DE SCARLETT JOHANSSON

Existe una teoría llamada de Scarlett Johansson*.

¡O cómo un cerdito ha hecho creer al mundo entero que es una bomba sexual!

Comportándose como tal.

Somos conscientes de que estamos develando una de las mayores estafas de la historia.

¡Al fin y al cabo, la tal Scarlett Johansson no tiene nada de excepcional! Tiene curvas, tiene celulitis... (¡como nosotras, vaya!). Seamos serios, los hombres nunca voltearían a mirarla.

---

* Teoría inventada por las autoras.

Y, sin embargo, al comportarse como una mujer objeto, se ha convertido en eso para la mayoría de los hombres.

La lección que debemos extraer de ello es simple: **¡SI TE COMPORTAS COMO UNA SÚPER MUJER, TE VERÁN COMO UNA SÚPER MUJER!**
(Y a la inversa...)

REGLA Nº 10

Hay que dejar de comprar zapatos del número 4 cuando calzamos del 6 (aunque estén de oferta).

AL LISTO NO LE VAS A ENSEÑAR NADA

La mujer perfecta tiene un gran dominio de la lengua española y se permite corregirnos.

«No se dice "Por tanto" sino "Por lo tanto".»

También lo hace si cometemos faltas de ortografía. (Clasificadas nº 1 en la lista de las afrentas).

Nos toca a nosotras corregirlas. (Sí, somos un poco traviesas.) Hemos decidido develar uno de los grandes secretos de nuestro siglo:

SEGÚN LA REAL ACADEMIA ESPAÑOLA
«POR TANTO» Y «POR LO TANTO»
¡¡¡SON SINÓNIMOS!!!

¿QUIÉN CONSIGUE COMER CINCO PIEZAS DE FRUTA AL DÍA?

¡En serio! ¡Solo la mujer perfecta puede cumplir esta norma!

Toma productos bio, a menudo es vegetariana e incluso hay veces que se alimenta solo de cereales.

Pero encima siente que tiene la misión de salvarnos, ¡a nosotras, pobres pecadoras!

«A ver, no es tan complicado cultivar tus propios tupinambos.»

Ok. Pero ¡antes debería saber qué son los tupinambos!

«Soy vegetariana, pero puedo comer huevos, puesto que, y esto es interesante, el huevo representa el grado cero del sufrimiento animal.»

Es increíble observar cómo el término «interesante» puede tener un sentido tan diferente según las personas.

«No deberías tomar leche de vaca, ¡ya que no eres la cría de una vaca!»

¡Ah! Entonces ¿tú eres la cría de la soya?

REGLA Nº 11

Debemos reconocer que NADIE sabe aplicarse un autobronceador correctamente, ¡es un mito!

LOS SMS SON MI SEGUNDA LENGUA

¿Quién de nosotras no ha entrado en estado de pánico al recibir un SMS?

«¿Lo ves? Yo le he escrito **"Besos"** y él me ha contestado **"Un beso"**. ¡Me siento humillada!»

(Eso es típicamente femenino, no tenemos ningún sentido de la proporción.)

Por lo tanto, para evitar cualquier interpretación apresurada o errónea, hemos confeccionado una tabla de referencia.

Texto	Traducción
.	¡He terminado!
..	Quiero dejar algo de suspense.
...	No sé cómo terminar esta frase.

Texto	Traducción
....	¡No significa nada! Me he pasado con los puntos suspensivos.
?!	Pregunto, pero estoy algo molesta.
?!!	Pregunto, pero ya estoy muy nerviosa por la respuesta.
:)	Me río.
;)	Me río, aunque no sea necesariamente divertido.
:$	Me río, aunque tenga labio leporino.
<3	Un corazón.
8>	Una polla*.

* Un pene (pero las autoras prefieren el término «polla» porque lo encuentran mucho más gracioso).

TRADUCCIÓN SMS/ESPAÑOL

Pues sí, nuestro inglés es del nivel del colegio, hemos puesto «nociones de francés» en el currículo, que se limitan a saber decir *«Voulez-vous coucher avec moi, ce soir?»*

Pero una cosa sí es segura, ¡somos las mejores descifrando los mensajes de SMS!

Besos — Quiero poner distancia

Un beso — Insisto en que solo somos amigos

Un besito — Un acercamiento es posible

Kisses — Quiero demostrar que soy *cool*

XXX	Soy americano o actor porno
Big besos	Soy Carlos
Muak muak	Tengo menos de 15 años o soy gay
Kill you	Soy un psicópata

¿CÓMO HUMILLAR PÚBLICAMENTE A UNA AMIGA?

Dicho de otra forma: «organizar una despedida de soltera».

Están PROHIBIDAS las despedidas de soltera que contengan:

— *Cualquier disfraz* (peluca, sombrero y otros accesorios de tipo humorístico).
— *Un reto* (dar besos a desconocidos, recuperar números o vender papel higiénico en un sitio público).
— *Juguetes sexuales* (compra, demostración o uso en un sitio público).

Una despedida de soltera para la mayoría sigue siendo «hacernos las locas tomando gin-tonics y mirando cómo un tipo se desnuda».

Mientras que *una despedida de soltero* consiste en que «los amigos pagan una profesional* a quien se va a casar».

* Véase nota p. 45.

REGLA Nº 12

Ya no diremos: «¡Mierda, ¡me ha salido un fuego!», sino: «Ten cuidado con mi pequeño grano provocado por la fiebre.»

¡MAÑANA EMPIEZO A HACER EJERCICIO!

Este año hemos dado el paso. ¡Nos hemos apuntado a un gimnasio!

Ahora nos queda lo más duro... ¡Ir!

Solo existe una regla, una única motivación, una sola cosa que nos empuja a ir a ese lugar de tortura...

¡La culpabilidad!

«La inscripción y anualidad del gimnasio me costó una fortuna... ¡Tengo que ir!»

«He pasado el fin de semana en engorda... ¡Tengo que ir!».

«*La entrenadora me dirá que no me ve desde hace cinco semanas... ¡Tengo que ir!*»

«*Me he comprado unos tenis nuevos por 2000 pesos, un equipo de lo más estiloso y un sostén de deporte... ¡Tengo que ir!*»

«*Las otras chicas de la clase me lanzarán miradas de desaprobación... ¡Tengo que ir!*».

«*Está lleno de chicos guapos y estoy soltera... ¡Tengo que ir!*»

CÁLCULO BÁSICO

Precio de la inscripción y anualidad del gimnasio
+ Precio del equipo para hacer deporte
+ Precio del iPod comprado para la ocasión

Número de veces en que hemos ido durante un año
=
Precio real de la sesión*

---

* En efecto, ¡tenemos que ir!

FACEBOOK O «CÓMO NOS HACEN CREER QUE TIENEN UNA VIDA GENIAL»

Todas nosotras, entre nuestras amistades de Facebook, tenemos a alguien que no conocemos muy a fondo pero que nos da la impresión de que tiene una vida extraordinaria.

Pero deben ser conscientes de que la vida de los demás no es formidable... ¡Solo se trata de puntos de vista!

«¡Uauu! ¡Comida con mis amigas!»
↗ *Muy bien, ha comido al mediodía.*

«Yessss! ¡Es fin de semana!»

*Es extraordinario,
no trabaja en domingo.*

«¡Ay, qué dolor! ¡Gracias, señor Gelocatil!»

*Seguramente se tomó un gin-tonic malo...
en un bar cutre... en mala compañía.*

«¡Tengo al mejor de los chicos!»

Su chico ha ido por el pan.

«¡Cómo me miman! ¡Gracias! ¡Son los mejores!»

*Un invitado le ha llevado una
«selva negra» de postre.*

EL COMPLEJO DE LA CAFETERA

Es lunes por la mañana y como todos los lunes nuestra compañera de trabajo (aquí la llamaremos «Maribel, la de contabilidad», primero porque Maribel es un nombre feo, y también porque ya hemos usado «Miguel» en páginas anteriores) decide contarnos su fin de semana junto a la cafetera.

¡Y nos entra el pánico! Nuestro fin de semana se resume en haber ordenado el armario y haber terminado de ver los últimos episodios de nuestra serie favorita, así que no debemos hablar de ello, ¡sería confesar nuestro fracaso!

Es lo que se llama habitualmente:

«EL COMPLEJO DE LA CAFETERA»

En ese preciso momento ¡deben ser conscientes de que los demás no tienen una vida extraordinaria!

Algunos, incluso, tienen una vida de mierda*.

Y, sobre todo, recordar que Maribel, la de contabilidad, ¡es realmente una tonta!

---

* Véase el capítulo «Cómo saber si tienes una vida de mierda», p. 71.

EL VIERNES NO PUEDO...
ES LA FINAL DE *BIG BROTHER*

FRASES DE ESTÚPIDA:

«¿En serio? ¿Ves las películas dobladas?»

«¿Has ido a ver la última ópera de Calixto Bieito? ¡¡Es FOR-MI-DA-BLE!!»

«Vaya, lo siento, no sé de qué me hablas, no tengo tele.»

Citando a los filósofos del grupo musical Cookie Dingler en su canción titulada *«Femme libérée»* (Mujer liberada):

Está suscrita a Marie Claire.
En el Nouvel Observateur *solo lee a Bretécher.*
Hace tiempo que no hace caso a Le Monde.
Compra Match *a escondidas porque es mucho más divertido.*

¡Leemos el *HOLA* y no lo ocultamos!

¡No hay que engañarse! Es mucho más distraído que *El País*.

¿Y qué? Es crucial saber qué le pasa en todo momento a Suri Cruise... ¿No?

Tenemos que seguir, punto por punto, las sabias palabras de Maitena:

«No aguanto más ser obligada al ritual diario de estar flaca como una escoba pero con tetas y culo duritos, para lo cual tengo que matarme en el gimnasio además de morir de hambre, ponerme hidratantes, antiarrugas y demás armas para no caer vencida por la vejez... Maquillarme impecablemente cada mañana desde la frente al escote, tener el pelo impecable y no atrasarme con las mechas, que las canas son peor que la lepra; elegir bien la ropa, los zapatos y los accesorios, no sea que no esté presentable para esa reunión de trabajo.»

NO NECESITAMOS A NADIE

Hemos pensado durante mucho tiempo que el bricolaje era cosa de hombres..., que los necesitábamos para que nos hicieran las talachas en casa.

Pues bien, señoras, ¡esos tiempos ya se acabaron!

Aquí acaba una larga tradición de peticiones de ayuda.

¡YA NO NECESITAMOS A UN HOMBRE PARA LAS TALACHAS! DE HECHO, ¡YA NO NECESITAMOS LAS TALACHAS!

Testimonios:

«¡Bueno! Tampoco es tan pesado tener que abrir y cerrar la llave de paso del agua cada vez que tiro de la cadena del escusado.»

«Te acostumbras a dormir con un edredón de más. No hace falta comprar un nuevo calentador.»

«¡La plastilina epóxica es muy útil para arreglar una ventana!»

«Ya me he acostumbrado a entrar por la ventana, no hace falta arreglar la cerradura de la puerta.»

«¿Para qué arreglar este reloj? No es tan complicado añadirle dos horas en invierno y una en verano.»

En fin... Tampoco se acaba el mundo si alguna vez pides ayuda, ¡nadie te criticará si no sabes hacerlo! (La tonta sí... Pero es que es una tonta).

REGLA Nº 13

No compraremos más blusas de la talla 36 si usamos una 40, y todo porque la vendedora nos ha mirado con «aire de desafío».

NECESITO, PERO YA, UNA PANIFICADORA

O cómo tenemos los anaqueles llenos de trastos que nos parecían indispensables cuando los compramos, pero que hemos usado una sola vez.

Nuestros anaqueles también están llenos de objetos que proceden directamente de los infomerciales:

— Plancha de cocción de piedra
— Aparato de masajes
— Robot de cocina
— Crepera
— Purificador de aire
— DVD de clase de gimnasia impartidos por Cindy Crawford (sí, sí...)
— Juguetes eróticos

— Electroestimulador
— Aparato para fondues de chocolate

(Las que se atreven a replicar: «No, yo lo he usado tres veces...», también entran dentro del saco).

MORALEJA:

¡Nosotras no vamos a hacerlas sentir culpables! Nunca hemos olvidado lo que sentimos al recibir el kit para hacer cupcakes. **¡ERA MUY, PERO MUY BONITO!**

TU REGALO ES UNA MIERDA

«*Un regalo, cuando está hecho con el corazón, siempre tiene éxito.*»

¡Bobadas! En el 62 por ciento de los casos, ¡los regalos que recibimos son simplemente una mierda*!

Piensa en el peor regalo que te hayan hecho jamás y pregúntate:

«¿Esta persona realmente me quiere?»

«Todos los años mi tía me regala sales de baño.»
¡Tengo una regadera!

«Lo puedes cambiar, tengo el tiquet.»

---

* Porcentajes completamente aleatorios, basados solo en la experiencia personal de las autoras.

¡Nunca nos dan el tiquet!

«Mi cuñada para Navidad me regaló un cuchillo
de carnicero.»

¡No sé cómo tomarlo!

«Mi primo me regaló un cuadro de un payaso que
llora y me dijo: "Me hizo pensar en ti enseguida".»

¡¡¡¿¿??!!!

LA VERDAD SOBRE LOS REGALOS

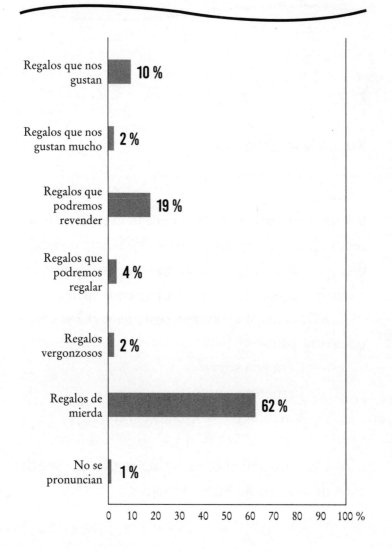

Regalos que nos gustan	10 %
Regalos que nos gustan mucho	2 %
Regalos que podremos revender	19 %
Regalos que podremos regalar	4 %
Regalos vergonzosos	2 %
Regalos de mierda	62 %
No se pronuncian	1 %

0 10 20 30 40 50 60 70 80 90 100 %

LISTA DE REGALOS PROHIBIDOS

A LA ATENCIÓN DE LOS CABALLEROS

Señores:

Somos conscientes de que para la mayoría de ustedes elegir un regalo para su amada sigue siendo una prueba dolorosa. Así que nos permitimos facilitarles algunos consejos de supervivencia.

Eviten los «regalos para ustedes». ¿O se creen que somos tontas?

— Lencería sexy
— Juguetes eróticos
— Videojuego World and Warcraft 2

Eviten, asimismo, cualquier regalo que pueda considerarse como «un mensaje»:

— Curso de cocina
— Sesiones de cambio de imagen
— Sesiones de psicólogo

Cuidado, deben saber que, con lo paranoicas que somos, cualquier regalo, por inocente que parezca, puede convertirse para nosotras en un regalo «con mensaje».

«Vaya... Me regaló... ¿Crees que quiere decir que...?»

Así que no corran riesgos.

PELIGRO: ¡ERROR EN LA TALLA DE UN VESTIDO**!**
Si la talla es demasiado pequeña, se sentirá gorda.
Si la talla es demasiado grande, pensará que la ves más gorda de lo que es, así que se sentirá gorda.
En ambos casos estás jodido.

LAS MADRES PERFECTAS*/**

¡SER UNA MADRE PERFECTA ES UN ENGAÑO!

* **Nota de las autoras:** Este tema centrará nuestro segundo libro, cuyo título provisional es *Ser una madre perfecta es imposible*.

** **Nota del editor:** Antes tienen que vender este.

REGLA Nº 14

Dejaremos de decir «a las doce del día», porque nunca hemos entendido la expresión «a las ocho de la mañana».

¡¿CÓMO?! ¡¿NO HABÍAS GUARDADO EL TIQUET?!

¡La mujer perfecta es muy organizada! Y, por desgracia, ¡este no es nuestro caso!

Es verdad, seamos sinceras:

— ¿Quién no ha seguido pagando el seguro del celular que perdió hace cuatro años?

— ¿Quién no se ha olvidado de inscribirse en las listas electorales?

— ¿Quién no ha pagado nunca un boleto de avión a un precio exorbitante porque lo compró en el último minuto?

— ¿Quién no ha regalado alguna vez un objeto propio porque se olvidó de comprar un regalo de cumpleaños?

— ¿Quién no ha dicho nunca: «Se me pasó la fecha para que me devuelvan el dinero»?
— ¿Quién no se ha olvidado de rescindir el abono al Canal Plus?

Pues sí, la verdad es que no somos las reinas de la organización... No somos titulares de una cuenta de ahorro vivienda, ni de una ampliación del seguro, pero sí tenemos una caja de madera bien escondida, ¡jijiji!

LOS «AÑOS NUEVOS» SIEMPRE SON FANTÁSTICOS

Dejemos de sentirnos presionadas. Hagamos lo que hagamos, sea lo que sea lo que tengamos previsto, esta fiesta nunca estará a la altura de las circunstancias*.

Y si, por lo que sea, resulta que pasas una velada increíble, debes saber que solo se trata de algo accidental.

---

* Revisar los capítulos titulados: «Facebook o "Cómo nos hacen creer que tienen una vida genial"», p. 147, y «Cómo saber si tienes una vida de mierda», p. 71.

Top 5 de las fiestas de Año Nuevo más fantásticas:

1. Sola con tu gato
2. Con tu ex y su nueva novia (una preciosa brasileña de 20 años)
3. La única soltera en medio de varias parejas
4. Con gente que no bebe alcohol
5. Vomitando a las 23.57 h

En caso de acumulación, el Año Nuevo en cuestión sale de la categoría «Año Nuevo de fábula» para convertirse en «memorable».

Por ejemplo, vomitar sobre el gato a las 23.57 horas.

CHAN CHAN CHACHÁN, CHAN CHAN CHACHÁN*

No siempre elegimos a nuestra familia (ni siquiera a algunos de nuestros amigos), y aún menos decidimos estar presentes o no en sus bodas.

CONSEJOS A SEGUIR PARA SOBREVIVIR A UNA BODA:

— No estar más guapa que la novia, a no ser que la odies.
— Comenzar a beber pronto, así todo pasará más deprisa (evitando, sin embargo, estar completamente borracha en el momento del brindis por los novios).

---

* Seguro que reconociste los compases de la marcha nupcial.

— Evitar hablar de temas espinosos cuando se haga un discurso, como por ejemplo:

- La vida sexual anterior de la recién casada
- La ambigüedad sexual del recién casado
- Las miserias del mundo

Así pues, evitaremos frases como estas:

«Antes de conocer a Juanjo, ¡Teresa era una verdadera zorra!»

«¡Un aplauso para los recién casados! Miguel y... ¿¿¿¿????»

«Me gustaría que dedicáramos un pensamiento a todos esos niños que mueren de hambre en el mundo y que... ¡Vaya! Vamos a dejarlo aquí, que veo que llega el pastel.»

«¡Vamos! ¡Canten todos conmigo! "Pajaritos a volar..."»

Y VUELAN LAS SERVILLETAS

Con el fin de amenizar un poco esa larga velada, puedes pensar en varias alternativas:

🌀 Identificar rápidamente al borrachín un poco impertinente y no dejar de rellenarle el vaso.
Una pequeña pelea siempre resulta bienvenida al final de un banquete.

🌀 Grabarse en video en el baño con el celular y hablar de la velada como en los programas de televisión: *Una cena casi perfecta* o *Cuatro bodas y un destino.*
Criticar a la gente siempre es una buena forma de pasar un buen rato.

@ Hacerse pasar por la prima americana que no habla español.
La gente hablará sin cortarse delante de ti...
¡Puede ser muy divertido!
También funciona con «la prima sorda».

@ Si observas que un invitado es especialmente tímido, no dudes en gritar refiriéndote a él: «¡Que hable!» «¡Que hable!»
Seguro que todo el mundo te secunda.

@ Inventarte una vida falsa y contársela a invitados que no verás nunca más.
¿No me reconoces? He participado en Secret Story 3, mi secreto era: «Soy una bailarina de flamenco.»

«¡¿QUIÉN SE ECHÓ UN PEDO?!»

Digan lo que digan, incluso la mujer perfecta se tira pedos...

Pero lo hace con discreción.

Y si además sorprende a alguien *in fraganti*, evitará gritar:

«¡No he sido yo, ha sido Lucía!»

«Pero ¡qué olor es ese! ¡Me pican los ojos!»

«Estás podrida por dentro, ¡no es posible!»

Eso también sirve para la versión «Baños»:

«Durante las próximas cuatro horas, ¡olvida que tengo baño!»

👎 Palabras prohibidas para designar los baños:

— WC

— Cagadero
— Excusado
— Retrete

O cualquier otra palabra «cursi» o procedente del folclor regional.

 Hay que decir que la expresión «¿Quién se echó un pedo?» está prohibida desde... De hecho, ¡desde siempre!

REGLA Nº 15

Dejaremos de gritar: «¡Eh! ¿Quieres ver a mi gata?» Mientras agitamos con la mano su foto.

ESAS CHICAS QUE SÓLO COMEN ENSALADA

Nos hacen sentir culpables cuando pedimos una pizza de cuatro quesos con extra de queso, mientras ellas piden una ensalada «con el aderezo aparte».

Pero no lo olvides:
¡Una chica que no engorda es una chica que no come!
¡Una chica que no engorda es una chica que no come!
¡Una chica que no engorda es una chica que no come!
¡Una chica que no engorda es una chica que no come!
¡Una chica que no engorda es una chica que no come!
¡Una chica que no engorda es una chica que no come!
¡Una chica que no engorda es una chica que no come!
¡Una chica que no engorda es una chica que no come!
¡Una chica que no engorda es una chica que no come!

¡Una chica que no engorda es una chica que no come!
¡Una chica que no engorda es una chica que no come!
¡Una chica que no engorda es una chica que no come!
¡Una chica que no engorda es una chica que no come!
¡Una chica que no engorda es una chica que no come!
¡Una chica que no engorda es una chica que no come!
¡Una chica que no engorda es una chica que no come!
¡Una chica que no engorda es una chica que no come!
¡Una chica que no engorda es una chica que no come!
¡Una chica que no engorda es una chica que no come!
¡Una chica que no engorda es una chica que no come!

PROHIBIDO EL SMS ALCOHOLIZADO

Queremos aprovechar este libro para hacer un poco de prevención acerca del uso del SMS alcoholizado.

¡¡¡ESTÁ PROHIBIDO!!!

El famoso SMS «muy sentido» de las tres de la madrugada...

Nos gustaría mucho que existiera una aplicación en los *smartphones* con un alcoholímetro integrado. ¡Podría salvar vidas!

Eso impediría, por ejemplo, que enviáramos a nuestro ex a las tres de la madrugada:

«Aún pienso en ti...»*.

---

* Es un ejemplo entre otros muchos. También puede tratarse de los numerosos mensajes lascivos, chantajes afectivos, amenazas de suicidio que hayamos enviado tras una velada con mucho alcohol...

Un mensaje que tendrá enormes consecuencias...

Sobre todo si nuestro ex se atreve a contestar...

«¿Quién eres?»

 Esto también vale para los estados de Facebook, los tuits, etcétera.

LA MÁS POPULAR DE LA ESCUELA ENVEJECE MAL

¡La estrella de la escuela acaba mal!

O su equivalente: la teoría de la «chica súper».

Todos conocemos a una, ¡lo tenía todo!

Era guapa, popular... Todas soñábamos, en secreto, parecernos a ella.

TRANQUILAS:

«Las personas que se obstinan en ser de su tiempo desaparecen con él».

Pasa lo mismo con la más popular de la escuela, que desaparece junto con los años de estudiante.

Gracias a Facebook, puedes constatar quince años más tarde que:

— Se ha casado con un perdedor.
— Ha engordado 20 kilos.
— Tiene unos hijos muy feos.
— Tiene un perro ridículo o muy malo.
— Ha participado en *Hay una cosa que te quiero decir.*
— ¡Lleva zuecos!

PUES SÍ, CHICAS...
¡¡LA HORA DE LA **VENGANZA** HA LLEGADO!!

HOMENAJE

INTERRUMPIMOS POR UN INSTANTE EL DESARROLLO DE ESTE LIBRO PARA DEDICAR LA TEORÍA ANTERIOR*:

A las buenas amigas
A las que nunca sacaban a bailar en una fiesta
A las que dejaban al último para formar un equipo deportivo
A las que llevaban aparato dental
A las primeras de la clase
A las que no tenían pecho
A las que nunca llevaban ropa de marca
A las que tenían un apodo ridículo
A las que no invitaban a las fiestas
A las que no se quitaban la camiseta en la alberca

En fin, a las simpáticas, a las gorditas, a las marimachas, a las que tenían acné, a las vírgenes, vaya, ¡a todas las que nunca han sido PERFECTAS!

---

* Para hacerlo bien, este texto debe ser leído de pie, en voz alta, con la mano encima del pecho y con el himno americano de música de fondo.

LA CULPA ES DE MEG RYAN

¡La culpa es de la tonta de Meg Ryan!

Porque creímos, al ver *Sintonía de amor*, que era «mágica».

Al ver *Dirty Dancing*, creímos que Johnny (después de que hubiera dejado de correr tras su destino como un caballo salvaje), ¡nos llevaría muy lejos de aquí!

Es cierto, ¿quién no ha soñado alguna vez con tener una historia de amor «**de película**»?

Un encuentro perfecto, una relación divertida, ligera, apasionada...

Aunque la mayoría de nosotras ya hemos hecho el duelo, para las demás el despertar es más difícil...

Tal y como las generaciones anteriores pudieron creer en los cuentos de hadas, ¡nosotras crecimos creyendo en el príncipe azul!

Richard Gere en *Mujer bonita*, Johnny en *Dirty Dancing*, Mr. Big en *Sex and the City*...

Pero no nos sintamos decepcionadas...

¡Si la mujer perfecta es un imposible, el príncipe azul también lo es! Puesto que, del mismo modo que la mujer perfecta, no existe.

REGLA Nº 16

Nunca diremos en público: «¡Qué padre! ¡David Bisbal va a sacar un nuevo disco!»

LOS AP*

Un AP es un hombre que, contra todo pronóstico, nos atrae (físicamente, sexualmente...).

A menudo es el opuesto de los hombres con los que nos relacionamos habitualmente, pero, de un modo extraño, ¡nos atrae!

Ni siquiera nos atrevemos a hablar de ello con nuestras amigas y preferimos guardarlos en la carpeta de «fantasmas», «cosas que no voy a asumir» o incluso «contra la ley».

«Es gordo, peludo y feo, pero cuando está encima de la moto...» = **AP**

«¡No puede ser! Podría ser su madre...» = **AP**

---

* Atracción perversa.

«Este tipo no tiene departamento, ni trabajo, vive en su camioneta y hace surf todo el día» = **AP**

«¡Se me ha pasado la edad de volverme loca por un cantante de quinceañeras!» = **AP**

«Mi vecino es gótico, es muy raro, incluso creo que es un vampiro» = **AP**

Para aprender a conocerse mejor, es importante saber definir a un AP.

Los **AP** más habituales:

— Tipo musculoso
— Cantante de country
— Bailarín de comedias musicales
— Padre de nuestros amigos
— Hermano pequeño de nuestras amigas
— Motociclista tatuado
— Entrenador guapo

ANÁLISIS DE LA FOTO DEL PERFIL DE UN CHICO

En Facebook, el chico que podemos considerar un futuro novio ha subido una foto:

- — De él con sus amigos = Cool
- — De él con un amigo = Gay
- — De él con su ex = No sabe lo que quiere
- — De él disfrazado = Depresivo
- — De un jefe de Estado = Inquietante
- — De un paisaje = Feo
- — De un hombre (que no es él) muy feo = Feo pero divertido
- — De un hombre (que no es él) muy guapo = Feo y triste
- — De un gatito = Gay*
- — De un gatito muerto = Psicópata

---

* Véase el capítulo «Gay/No gay», p. 197.

LA CITA DESASTRE

Antes de una primera cita romántica debes preparar con una amiga un plan de acción para salvarte en caso necesario.

(Si descubres, por ejemplo, que es más aburrido que una ostra, tacaño, fan del *curling*, etcétera).

Para desaparecer del mapa solo hace falta que tu amiga (y cómplice) te llame durante la cena y le contestes simulando estar sorprendida:

«¡Hola! ¿¿Cómo?? ¡No saltes! ¡Estoy ahí enseguida!»

«¡Hola! ¿¿Cómo?? ¿Vuelven a pasar *Dirty Dancing* por la tele? ¡Estoy ahí enseguida!»

«¡Hola! ¿¿Cómo?? Pero ¿qué hacía con esa cosechadora trilladora? ¡Estoy ahí enseguida!»

REGLA Nº 17

Dejaremos de responder:
«¡Chinga tu madre!»

GAY/NO GAY

Vamos a abordar ahora la cuestión del «hombre moderno» o, como les gusta llamarle a las revistas femeninas, el «metrosexual». Es decir, ese hombre que asume su parte de femineidad.

Es cierto que el hombre ha evolucionado. Mejor para él... Pero eso tiene consecuencias. En efecto, ¡hoy nuestro «gayómetro»* se ha vuelto loco!

La pregunta es:

¿CÓMO DISTINGUIR A UN GAY DEL QUE NO LO ES?

* Radar para detectar a gays.

Test:

- ☐ Pide un coctel de champaña.
- ☐ Conoce la diferencia entre los colores «naranja» y «coral».
- ☐ Se sabe los nombres de las actrices de *Gossip Girl*.
- ☐ Sabe hacer *risotto*.
- ☐ Cree que Justin Timberlake es sexy.
- ☐ Se sabe de memoria el baile de Johnny en la escena final de *Dirty Dancing*.
- ☐ Conoce *Dirty Dancing*.
- ☐ Besa a sus «amigos» en la boca para darles los buenos días.
- ☐ Da golpecitos en el pene de sus «amigos» para darles los buenos días.

Si has marcado más de cuatro casillas, corres el riesgo de que te lleve a ver el musical *Mamma mia!*

 Si, a pesar de todo, se comprueba que es heterosexual: ¡CÁSATE CON ÉL!

EL SHARK/TIBURÓN

La definición que da el *Diccionario de la Real Academia Española:*

«Pez selacio marino, del suborden de los Escuálidos, de cuerpo fusiforme y hendiduras branquiales laterales. La boca está situada en la parte inferior de la cabeza, arqueada en forma de media luna y provista de varias filas de dientes cortantes. Su tamaño varía entre cinco y nueve metros y se caracteriza por su voracidad.»

EL SHARK, EL TIBURÓN DEPREDADOR* QUE MERODEA AL FINAL DE UNA FIESTA EN BUSCA DE UNA PRESA FÁCIL…, ¡TÚ!

Un momento de descuido, una copa de más, una amiga que te deja sola un rato para ir al lavabo, ¡y empieza el ataque!

¡El Shark es rápido, preciso y muy eficaz!

¿Cuántas de nuestras hermanas en la desgracia han sido atacadas por un Shark y aún llevan sus cicatrices?

¡Hay que ir con mucho cuidado! No bajes la guardia y sé consciente siempre de que el Shark está merodeando…

---

* Un depredador siempre será un depredador; no se le puede domesticar y nunca se podrá cambiar su forma de ser… Por lo tanto, un consejo: ¡no te acerques a él!

CÓMO DEJAR ALUCINADO
A UN CHICO

El hombre no es ese animal complejo que quieren hacernos creer. Sigue siendo muy fácil dejarlo alucinado y, con eso, ganarse su respeto:

— Si conoces las reglas del fuera de juego.
— Si sabes ponerte la pierna detrás de la cabeza.
— Si abres una cerveza con un mechero, el antebrazo o los dientes.
— Si le cuentas que has tenido una experiencia homosexual (o varias).
— Si te conviertes en la reina del videojuego FIFA.

— Si sabes tocar la guitarra (con un fragmento basta..., los hombres son crédulos, no lo olvidemos).

— Si mencionas una o dos frases típicas acerca del mercado futbolístico del momento.

— Si le dices que eres muy amiga de la actriz porno María Lapiedra.

— Si te compras siempre antes que él la última novedad de Apple.

— Si te sabes de memoria todos los nombres de los caballeros del Zodíaco y las réplicas de *Star Wars*.

— Si sabes arreglar un carburador.

— Si sabes qué es un carburador.

SI CREES QUE ESTA LISTA ES MUY SIMPLE RESPECTO A LA COMPLEJIDAD DE ESE «ANIMAL POLÍTICO», ¡ES QUE SON MUY INOCENTES!

CONCEPTO DEL VETO

La palabra «veto» procede del latín y significa literalmente «¡Me opongo!»

En este caso: «Me opongo a que otra chica ligue con este chico.»

> ⚠️ **TIENE EL DERECHO DE APLICAR «UN VETO» LA QUE LO HA DICHO PRIMERO Y NO, COMO MUCHAS PIENSAN, LA QUE LO HA VISTO PRIMERO.**

De ahí la importancia de hacer saber enseguida que te atrae un chico.

Testimonio de Claudia: *«Las dos nos había-mos fijado en el mismo chico, pero como me había dejado comprarme el mismo chaleco que ella, se lo dejé.»*

N.B.: Este concepto también se conoce con el término de «¡Primer!»

EXCEPCIONES AL DERECHO DE VETO

💋 Si dos chicas hacen saber al mismo tiempo que se sienten atraídas por el mismo chico.

Tiene preferencia la que lo ha VISTO primero.

💋 Si las dos lo han visto al mismo tiempo.

Tiene preferencia la que lleva más tiempo sin pareja.

💋 Si las dos no tienen pareja desde hace el mismo tiempo.

Se realizará un acuerdo «amistoso», con la posibilidad de hacer intervenir a un mediador.

Se puede llegar al acuerdo a través de una donación (vestido, accesorio, cosmético...) a la persona perjudicada.

El concepto del veto puede parecer muy trivial, pero tampoco queremos considerar al hombre como un objeto... En cualquier caso, ¡nunca en público!

Además, respecto al chico, es importante que no esté al corriente de que se ha establecido un veto sobre él.

¡SEAN DISCRETAS!

A continuación facilitamos unos «vales para veto», para recortar y dar a tus competidoras.

VALE PARA UN VETO

Este «veto» permanecerá en vigor desde hoy
y tendrá una duración de tres meses.
Nadie podrá ligar de una forma u otra con
este «veto», so pena de persecución.

VALE PARA UN VETO

Este «veto» permanecerá en vigor desde hoy
y tendrá una duración de tres meses.
Nadie podrá ligar de una forma u otra con
este «veto», so pena de persecución.

VALE PARA UN VETO

Este «veto» permanecerá en vigor desde hoy
y tendrá una duración de tres meses.
Nadie podrá ligar de una forma u otra con
este «veto», so pena de persecución.

VALE PARA UN VETO

Este «veto» permanecerá en vigor desde hoy
y tendrá una duración de tres meses.
Nadie podrá ligar de una forma u otra con
este «veto», so pena de persecución.

VALE PARA UN VETO

Este «veto» permanecerá en vigor desde hoy
y tendrá una duración de tres meses.
Nadie podrá ligar de una forma u otra con
este «veto», so pena de persecución.

VALE PARA UN VETO

Este «veto» permanecerá en vigor desde hoy
y tendrá una duración de tres meses.
Nadie podrá ligar de una forma u otra con
este «veto», so pena de persecución.

REGLA Nº 18

Asumiremos que lloramos con las películas de la tele de la tarde... sobre todo con las que ponen por Navidad*.

---

* Especialmente con ¡*Qué bello es vivir*!

RECORDATORIO PARA CHICAS QUE QUIEREN ENTENDER MEJOR A LOS HOMBRES

DICE...　　　　　　　　　　　　　　　　　**PIENSA**

Me gustan las chicas con curvas.

Me gustan las tetas grandes, pero no las chicas gordas.

DICE...　　　　　　　　　　　　　　　　　**PIENSA**

¿No te cambias?

Con esta ropa estás horrible.

DICE...   **PIENSA**

Se ve demasiado que son tetas operadas.
Me encantaría hundir la cabeza entre ellas
para comprobarlo.

DICE...   **PIENSA**

¡Qué simpática eres!
¡Qué pena que seas tan fea!

DICE...   **PIENSA**

Esta chica, Sandra, es muy vulgar.
Me la follaría con ganas.

DICE...   **PIENSA**

Nos llamamos.
No te llamaré.
(Si no, habría dicho «Te llamo».)

DICE...   **PIENSA**

Solo es una buena amiga.
        Nunca he podido acostarme con ella.

DICE...   **PIENSA**

Me gustan las chicas con sentido del humor.
        Pero no deben ser más graciosas que yo.

DICE...   **PIENSA**

¿Te gustaría que probáramos cosas nuevas?
        ¿Te gustaría hacer un trío con otra chica?

DICE...   **PIENSA**

Ahora deseo una relación seria.
        Ya he follado todo lo que quería.

DICE...   **PIENSA**

Necesito a una chica más discreta.

No quiero que me roben a la novia.

DICE...   **PIENSA**

Quizá estoy cometiendo la mayor tontería de mi
vida dejándote.

*Te guardo como un as en la manga
por si te necesito para un revolcón.*

DICE...   **PIENSA**

Prefiero que nos tomemos nuestro tiempo.

Tengo problemas de erección.

LA TEORÍA DE LA INDIFERENCIA

«¡Soy incapaz de ligar con un chico que me gusta! Me hago la indiferente, pongo distancia... Es muy fácil: ¡no lo miro! ¡No le hablo! Y no funciona...».

¡LA TEORÍA DE LA INDIFERENCIA NO FUNCIONA!

Nunca hemos visto que un chico al que no hemos mirado en toda la noche venga a decirnos: «¡Hola! He notado que no me has mirado en toda la noche... Y, por lo tanto, ¡me atraes muchísimo!»

¡Eso no existe! Los hombres prefieren de lejos a las chicas accesibles: se va a ir con aquella rubia que bailaba como una puta* mientras que nosotras nos manteníamos hieráticas...

---

* Véase el capítulo «Puta/No puta», p. 114.

215

La indiferencia no funciona a corto plazo. De todos modos, puede ser eficaz si forma parte de una estrategia más larga que queramos establecer. Pero en ese caso no se arriesguen, vigilen a sus competidoras potenciales y piensen en usar sus vales para un veto (pp. 207-208).

REGLA Nº 19

Evitaremos beber alcohol delante del novio de nuestra amiga, ese que no podemos soportar. Enseguida se nos puede escapar algo como: «Tu novio es un idiota.»

NO LO LLAMES ENSEGUIDA, CREERÁ QUE TE TIENE EN LA PALMA DE LA MANO

Pues sí. Está bien visto hacer esperar a un hombre. ¡Vete a saber por qué!

El miedo a parecer desesperada, el miedo a presionarlo...

Pero sobre todo, la necesidad de demostrarle que «no te tiene en la palma de la mano» (mientras que sí te tiene).

Todas estas razones, por muy injustificadas que sean, nos empujan a hacer cosas raras...

«No voy a contestar, así creerá que estoy muy ocupada y que tengo una vida genial.»

«Contestaré y diré: "¿Hola? ¿Marcos?" Así se preguntará: "¿Quién es Marcos?" ¡Y se pondrá celoso!»

«No le llamo, así creerá que no estoy interesada, conocerá a otra y le llamaré cuando menos se lo espere. Qué lista, ¿no?»

La regla más extendida en estos casos es «La regla de los tres días», que consiste en esperar tres días antes de llamar al ser codiciado. *(Ver la página siguiente.)*

LA REGLA DE LOS TRES DÍAS

Tras numerosas investigaciones, hemos descubierto que «La regla de los tres días» tiene su origen en la resurrección de un tal Jesucristo.

«¡Vaya! ¡Es increíble!».

(¡Sí, a nosotras nos ha causado el mismo efecto!)

La leyenda asegura que Jesús, después de su muerte, esperó tres días antes de resucitar.

¡Jesús esperó tres días antes de resucitar! Cuatro eran demasiados, dos no eran suficientes.

Si hubiera resucitado antes, algunos ni siquiera se habrían dado cuenta de que había muerto:

> *«¿Jesús? Pero ¿murió? ¡No! ¿Estás seguro? Pero ¿cuándo? ¡A mí nunca me cuentan nada!»*
> Pero si hubiera esperado más días:
> *«¿Jesús? Murió la semana pasada... Pero ¿sabes que Pedro murió ayer? ¡Vaya!»*
> Así pues, tres días es el plazo perfecto.

REGLA Nº 20

Evita empezar una frase diciendo: «Mi psicólogo dice que...»

REGLA Nº 21

Nunca empezaremos una frase diciendo: «Mi gato piensa que...»

CÓMO SABER SI UN CHICO ES DEMASIADO JOVEN PARA NOSOTRAS

- Nos trata de usted.
- Nos llama «Señora».
- Nos llama «Mamá».
- No sabe quién es Dylan McKay.
- Nunca ha visto un fax.
- No sabe nada de Heidi ni de Marco.
- Está agobiado con la Selectividad.
- No conoce a Fido Dido (¡qué vergüenza!).
- No sabe que le quitaron tres ceros al peso.
- Cree que Arnold Schwarzenegger es un político americano.
- Empieza contando sus mejores anécdotas diciendo: «Estábamos en clase de mate cuando...»

— Cree que Laetitia es la primera mujer de Johnny Hallyday.
— Cree que Dora la Exploradora es «Genial»
— Ha oído hablar vagamente de una tal «princesa Lady Di», pero no está muy seguro de que existiera en realidad.

¿HAY QUE ACOSTARSE EN LA PRIMERA NOCHE?

¡Pues claro que hay que acostarse con él la primera noche!

En la situación de crisis actual, no puedes desperdiciar ninguna ocasión*.

Pero ¿qué crees? Incluso los ligues de una noche cada vez son más raros...

En cuanto a lo que se dice: *«Si me acuesto con él la primera noche, no me volverá a llamar»*, ¡debes saber que es FALSO!

Es una leyenda urbana, inventada solo para que las mujeres se sientan culpables.

---

* Esto es para las mujeres mayores de 28 años.

(Salvo si el chico tiene entre 25 y 28 años y vive en la ciudad, o en un núcleo urbano de más de 15 000 habitantes, en ese caso ¡no volverá a llamar!)

 Hay algunas excepciones a esta regla:
— Si eres menor de edad.
— Si buscas al gran amor de tu vida.
— Si el chico en cuestión es un psicópata.

POR CIERTO, ¿POR QUÉ ME ACOSTÉ CON ÉL?

— Me sentí obligada, me había invitado a cenar.

— Él parecía tener tantas ganas...

— ¡Me dijo que tenía un refrigerador gringo! Me encantan esos refrigeradores, ¡¡hacen cubitos!!

— Hago una lista de mis conquistas y me gusta hacer números redondos.

— Me dijo que nunca había sentido algo así por nadie.

— Es Virgo ascendente Tauro.

— Me dijo: «¡A que no te atreves!»

— Le encantan los gatitos, los delfines y los paseos por el bosque.

— Un malentendido...

— Cuando beso, me acuesto. Tengo un 80 por ciento de rentabilidad.

— Lo confundí con otro.

— Ya no teníamos nada más que decirnos...

— Nunca me había acostado con un chino.

— Me dijo: «Por favor.»

— Vivo muy lejos, me iba muy bien porque su departamento estaba justo encima del bar.

— Me dijo que era primo de Rafa Márquez...

REGLA Nº 22

Desecharemos la idea de pelar una langosta con cuchillo y tenedor.

EL GATILLAZO

«Un mal que siembra el terror,
un mal que el cielo en su furor
inventó para castigar
los crímenes de la tierra».

JEAN DE LA FONTAINE,
Los animales enfermos de peste

Es verdad que La Fontaine hablaba de la peste y no del gatillazo (pérdida de erección). Pero ¿acaso el gatillazo no es la peste de nuestra época?
Sí, ¡nos planteamos esta pregunta!

> **DEFINICIÓN DEL GATILLAZO:**
> *Fase de transición durante la que la sangre empieza a fluir hacia el cuerpo cavernoso. Por extensión, estado intermedio entre el reposo y la erección.*
>
> En resumen, cuando está toda blanda.

Imagina nuestra decepción cuando, en el momento de pasar a la acción, descubrimos que nuestra pareja sexual no está tan excitada como esperábamos.

Por supuesto, ¡siempre tiene una buena excusa!

Demasiado alcohol, demasiado cansado, demasiada presión...

«No lo entiendo, es la primera vez que me pasa», o bien: *«¡Me impresionas demasiado!»*

Nuestro deber es romper la ley del silencio.

¡DEMASIADOS GATILLAZOS MATAN LA LIBIDO!

NO PASA NADA, LES SUCEDE A TODOS

¡FALSO!

Al principio no lo ves venir, todo empieza por los testimonios que parecían anodinos:

«La primera vez nunca sale bien...».
«De hecho, la cosa no funcionó...».
«Habíamos bebido mucho...».

Pero después las chicas empezaron a hablar entre ellas y tras numerosas investigaciones, preguntas y recopilación de información, hemos llegado a una conclusión terrible:

A LOS HOMBRES YA NO SE LES PARA

Y lo peor es que las chicas creen que es por su culpa.

«Es culpa mía, igual no soy lo suficientemente atractiva.»

«Seguramente no he sabido hacerlo bien.»

«Quizá lo he presionado mucho...»

CHICAS, TENEMOS QUE REACCIONAR, TAMBIÉN EN EL TEMA DEL SEXO, ¡HAY UN MÍNIMO SINDICAL!

EL REGRESO DE LA VERGÜENZA

Internacionalmente conocido con el nombre de *«Walk of shame»*.

Ese momento en el que, de regreso a casa de madrugada, tras una noche loca (fiesta en un antro o sesión de sexo salvaje), te encuentras con los que salen a trabajar.

DICHO DE OTRO MODO, CUANDO LOS QUE VAN A ACOSTARSE SE CRUZAN CON LOS QUE SE LEVANTAN...

Algunas señales no engañan:

— Llevas la misma ropa que la víspera.
— Tienes una rosa marchita que asoma de tu bolso.

— Llevas los zapatos de tacón en la mano.

— Pones cara de satisfacción u otra que significa: «Mierda, pero ¿qué he hecho?»

Y en esos momentos notas con claridad que los demás te juzgan...

¡SABES QUE LO SABEN!

Así que para no perder la compostura no dudes en usar un accesorio que parezca decir: «¿Qué pasa? Soy como ustedes, ¡empiezo mi jornada!»

Con una barra de pan o el periódico del día bajo el brazo será suficiente...

DIME CUÁNTAS PAREJAS SEXUALES HAS TENIDO Y TE DIRÉ CÓMO ERES

Las mujeres, en general, tienen una media de 4.4 compañeros sexuales en su vida, según un estudio del año 2007.

(Esta cifra era de 1.8 en los años setenta y de 3.3 en la anterior encuesta de 1992).

Respecto a los hombres, tienen como promedio 11.6 parejas sexuales en su vida.

(Ha habido poca evolución respecto a la encuesta de los años setenta).

Es importante saber el número de compañeros sexuales que se han tenido, de ahí la necesidad de confeccionar una lista.

Esta lista **OBLIGATORIAMENTE** debe estar fuera del alcance de las personas de género masculino.

 Esta regla no tiene ninguna excepción.

LISTA DE COMPAÑEROS SEXUALES

«32... Vamos, menos que Madonna pero más que Lady Di, espero.»

Se trata de una famosa frase de Andie Mac-Dowell en la película *Cuatro bodas y un funeral.*

Pero ¿y tú?

Ningún compañero: Eres virgen.

Entre 1 y 5: Bueno... Estás dentro de la media.

Entre 10 y 20: Ah... No está mal.

Más de 20: Tienes toda la razón.

Más de 30: ¡Te vas a aburrir!

Más de 50: Has vivido bien.

Más de 150: Eres Madonna.

Pero, en cualquier caso, ¡NO TE JUZGUES!

Otras lo harán por ti... :)

TU LISTA DE «COMPAÑEROS»

- ....
- ....
- ....
- ....
- ....
- ....
- ....
- ....
- ....
- ....
- ....
- ....
- ....
- ....

REGLA Nº 23

Dejaremos de hacer correr el agua de la llave para despistar cuando vamos al baño... ¡Nadie es tonto!

TE QUIERO, IMBÉCIL

El problema cuando se está enamorada es que eres la única en el mundo que no se da cuenta de que los apodos (ridículos) que se usan en la intimidad pueden ser patéticos dichos en público...

(A veces incluso hablamos a nuestro amado con voz de idiota, como si se tratara de un niño de cuatro años...)

«Me llama gordita, ¡es tan mono!»

«Estamos de lo más fusionados, yo le llamo TIC y él me llama TAC.»

Los clásicos
(Cariño, amor, cielo...).

Apodo compuesto
(Mi caballo fogoso, mi bella serpiente,
mi cerdito amoroso...)

Animal bonito
(Mi oso, mi gatito, mi cachorro...)

DO

Animal feo
(Mi ratón, mi avestruz, mi ornitorrinco...)

DON'T

Apodo relacionado con una parte de la anatomía humana
(Mi bazo, mi hígado, mi testículo, mi ano
artificial...)

¡SOCORRO! ¡MI CHICO LLEVA UNOS CROCS!

Parece que quiere que nos avergoncemos de él, humillarnos públicamente, recordar a todo el mundo que podríamos tener algo mejor pero que nos hemos contentado con eso*.

Prendas prohibidas:

— La trusa (excepto los italianos y los entrenadores guapos)
— Las marcas vistosas (Dolce & Gabbana, Ed Hardy, Waikiki... ¡Eso se ha acabado, chicos! Incluso en los cinturones)

---

* Teoría de nuestra amiga Fanny.

— Los llaveros mosquetón
— Una prenda rosa (entre septiembre y abril)
— La corbata texana
— Las camisas de manga corta
— Las mariconeras
— Las camisetas con mensajes humorísticos

A menudo los hombres se encaprichan con una prenda de ropa horrible (un sombrero que no les queda nada bien, un viejo pantalón con motivos africanos, un par de chanclas...).

Pero no puedes permitirte aparecer junto a ellos en estas condiciones.

Puesto que cualquier negociación es imposible... (el muy astuto siempre dirá: «¡Solo es para estar cómodo en casa!»), **SEAN FIRMES, ¡TIREN A LA BASURA TODAS ESAS PRENDAS!**

CUALQUIER CAMISETA DE CONTENIDO HUMORÍSTICO ESTÁ PROHIBIDA

YOU TUBE
EN DF

MURDER
KING

F.B.I. FEMALE
BODY
INSPECTOR

KEEP CALM &
RELAXING CUP
OF CAFÉ CON
LECHE EN LA
PARROQUIA

NO HABLES
TAN DEPRISA,
SOY RUBIA

LO BUENO
ESTÁ
DEBAJO

¡PROHIBIDO!

REGLA Nº 24

Dejaremos de salir con psicópatas solo porque nos recuerdan a John Malkovich.

ODIAMOS A LOS BECKHAM

Y a todas esas parejas que parecen ser perfectas.

Son guapos, ricos, tienen hijos maravillosos, ¡y la impertinente costumbre de restregarnos por la cara su felicidad!

Pero vamos a plantearnos esta pregunta: ¿realmente esta pareja nos hace soñar? Además, ¿existe de verdad una pareja perfecta?

(Si están pensando en Chandler y Monica, lamentamos recordarles que se trata de una pareja de ficción.)

Pero lo más irritante en*

---

* Las autoras se ven incapaces de terminar este capítulo a raíz del anuncio de la separación definitiva de Johnny Depp y Vanessa Paradis. Lo comprenderán fácilmente... Gracias por respetar su dolor.

¡SOCORRO! ¡MI CHICO ES UN TACAÑO!

En la lista de los defectos intolerables en un hombre, ¡la tacañería es sin duda el peor!

Por lo tanto, ¡resulta crucial detectar al tacaño lo antes posible!

NO CONFUNDIR AL CHICO TACAÑO CON EL CHICO QUEBRADO.

MARCA LAS CASILLAS SIGUIENTES SI:

☐ Te propone constantemente pagar a medias la cuenta del restaurante.

☐ Apunta todo lo que gasta en una libreta en cuanto llega a casa.

☐ Pasó el Año Nuevo esquiando en camiseta de tirantes (para no tener que pagar el equipo de esquí).

☐ Te pide que guardes los puntos del Kit Kat (por cada cien Kit Kat te dan uno gratis).

☐ Te regala por Navidad «un vale para un masaje gratuito».

☐ Se guarda el trozo final del Snickers para más tarde.

☐ Cree que «es absurdo pararse a tomar una cocacola porque hay en casa».

RESULTADO:

- Si has marcado más de dos casillas: el chico es un tacaño.
- Si has marcado más de tres casillas: cuidado con que no te robe dinero del monedero.
- Si has marcado más de cinco casillas: este chico es una MIERDA.

⚠ ¡NUNCA SE PAGA A MEDIAS LA CUENTA DEL RESTAURANTE EN LA PRIMERA CITA*!

---

* No hay excepciones a esta regla.

REGLA Nº 25

Dejaremos de pensar que hablamos fluidamente el italiano solo porque añadimos «i» al final de las palabras.

ESTA NOCHE TOCA

La mujer perfecta siempre está dispuesta y disponible para una relación sexual con su compañero. Siempre cumple con su «deber conyugal» con un placer no disimulado.

Pero ¡nosotras no somos perfectas!

Es verdad... ¡La que nunca haya tenido pereza de «hacerlo» que tire la primera piedra!

«Lo hago ahora, así me quedan seis horas y media de sueño».

«¡Oh, no, ahora no! ¡Me acabo de duchar!»

«Voy a apuntar en la agenda que lo hicimos hoy para tener la prueba la próxima vez que me lo reproche...»

«Algunas veces, lo hago pensando en que por lo menos estaré tranquila el resto de la semana.»

«Hacemos el amor el viernes, y así el sábado puedo ver Grey's Anatomy».

«Bien, de acuerdo, pero ¡rápido, por favor!»

Las autoras, en su gran generosidad, han creído oportuno adjuntar unos vales recortables «por una dispensa de relación sexual» para su compañero, a usar las noches en que pasen por la televisión su serie preferida.

VALE POR UNA DISPENSA DE RELACIÓN SEXUAL
*Este vale es válido desde hoy hasta
mañana por la mañana.
Libra de cualquier relación sexual a la
persona que lo lleva.*

VALE POR UNA DISPENSA DE RELACIÓN SEXUAL
*Este vale es válido desde hoy hasta
mañana por la mañana.
Libra de cualquier relación sexual a la
persona que lo lleva.*

VALE POR UNA DISPENSA DE RELACIÓN SEXUAL
*Este vale es válido desde hoy hasta
mañana por la mañana.
Libra de cualquier relación sexual a la
persona que lo lleva.*

VALE POR UNA DISPENSA DE RELACIÓN SEXUAL
*Este vale es válido desde hoy hasta
mañana por la mañana.
Libra de cualquier relación sexual a la
persona que lo lleva.*

VALE POR UNA DISPENSA DE RELACIÓN SEXUAL
*Este vale es válido desde hoy hasta
mañana por la mañana.
Libra de cualquier relación sexual a la
persona que lo lleva.*

VALE POR UNA DISPENSA DE RELACIÓN SEXUAL
*Este vale es válido desde hoy hasta
mañana por la mañana.
Libra de cualquier relación sexual a la
persona que lo lleva.*

REGLA Nº 26

Dejaremos de decir que somos amigas de alguien famoso solo porque nos ha aceptado en Facebook.

LISTA DE PREGUNTAS QUE NUNCA DEBES HACER SI NO QUIERES OÍR LAS RESPUESTAS

— ¿Victoria es más guapa que yo?
— ¿He engordado?
— ¿Me echas de menos?
— ¿Crees que este vestido me aprieta?
— ¿Con cuántas mujeres te has acostado antes de estar conmigo?
— ¿Crees que Scarlett Johansson es sexy?
— En tu opinión, ¿me quedaría bien ser pelirroja?
— ¿Te gustaría que me hiciera una operación de aumento de pecho?
— ¿Prefieres una mujer guapa e imbécil o una mujer fea e inteligente?

— ¿Te sigues masturbando?

— ¿Qué piensas de un viejo que sale con una chica joven?

— ¿Alguna vez has pensado en otra mujer al hacerme el amor?

— ¿Qué hiciste exactamente en el *table* durante la despedida de soltero de Alex*?

— ¿Crees que lo nuestro es para siempre? (Sobre todo si se trata de un entrenador guapo).

---

* Véase el capítulo «¿Cómo humillar públicamente a una amiga?», p. 141.

¡VAYA! ENGAÑÉ A MI NOVIO

Todas sabemos que «Besar a otro ya es ser infiel».

Pero lo que no sabemos es que, en cuestión de infidelidad, existe un vacío jurídico.

No es engañar cuando:
— Es en vacaciones.
— Es con una chica.
— Es con un chico con nombre italiano (Flavio, Filippo, Paolo...)

Las dejo continuar esta lista, inspírense en sus experiencias personales.

....

....

....

CÓMO SABER SI NOS VA A DEJAR

«¡No me había dado cuenta de nada!»

¿Quién no ha oído alguna vez esta frase?

Pero, seamos sinceras, ¡¡a veces las señales eran muy evidentes!!

— Llora al hacer el amor.
— Nos llama diciendo: «¡Eh, tú!»
— Ha quitado el estado «en pareja» en Facebook porque, según él, «¡no es asunto de nadie!, se trata de nuestra vida privada».
— Nos llamaba «cielo» y ahora nos llama por nuestro nombre.
— No ha contestado a nuestros últimos 47 SMS.
— Nos da la mano para darnos los buenos días.
— Ha cambiado de número de teléfono.

— Cuando habla de nosotras, se refiere a «mi compañera de departamento.»
— Todas sus cosas desaparecen poco a poco del departamento y ha borrado su nombre del buzón.
— Quiere recuperar el anillo que nos regaló.
— Ha pedido que le devolvamos las llaves.
— Insiste en ponerse preservativos.
— Nos presenta a su nueva novia.

REGLA Nº 27

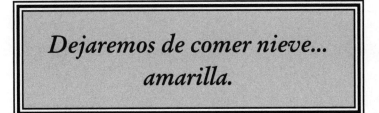

Dejaremos de comer nieve...
amarilla.

HURT ME ONCE, SHAME ON YOU!
HURT ME TWICE, SHAME ON ME!

Un viejo dicho que significa: «Si me haces daño una vez, ¡es culpa tuya! Si me haces daño dos veces, ¡es culpa mía!»

> Dicho de otro modo, un accidente siempre puede ocurrir... Uno sí, ¡dos no!

Recuerda esta norma, te ahorrará mucho tiempo y sobre todo la puedes adaptar a tu gusto:
— Si me coges mal una vez, ¡es culpa tuya!
Si me coges mal dos veces, ¡es culpa mía!

— Si me engañas una vez, ¡es culpa tuya! Si me engañas dos veces, ¡es culpa mía!

— Si haces que me pierda mi serie preferida una vez, ¡es culpa tuya! Si haces que me pierda mi serie preferida dos veces, ¡es culpa mía!

REGLA Nº 28

Abandonaremos la idea de querer hacernos una falda de carpaccio porque se la hemos visto puesta a Lady Gaga.

EJEMPLOS DE MENSAJES
DE RUPTURA

El clásico

> No eres tú, soy yo...

El jeroglífico

> La primera es la primera letra del alfabeto, la segunda es el nombre del padre de Jesús, y todo ello es la última palabra que te voy a decir...

El pícaro

> ¿Adivina quién se va a largar?

El cómico patán

> Esta es la historia de un chico que se va a largar...

El guasón Te vas a reír... ¡Te dejo!

El torpe (te llamas Maribel) Marisol, ¡te dejo!

El autonómico Utzi dut

El internacional Fuck You

El cursi Cuídate

... y su equivalente americano Take care

El «perro del hortelano» Nos damos un tiempo

El falso No te merezco

El Star Wars Hemos terminado porque... yo soy tu padre

El Terminator Hemos terminado pero *I'll be back*

Lara Fabian Todo, todo, todo ha terminado entre nosotros

El *geek* Game over!

¡VAYA! ME PINTARON EL CUERNO

Les vamos a ahorrar las estadísticas (que, además, son inexistentes).

Pero, siendo un poco lúcidas, debemos admitir que por desgracia un día hemos sido, somos o vamos a ser:

CORNUDAS

Ser consciente de ello no significa aceptarlo, ustedes deben decidir si lo pasan por alto o no...

Y es de locos, porque, aunque seamos la VÍCTIMA de la situación, siempre hay en nuestro entorno una «estúpida» que nos recuerda que:

«Si un hombre busca algo fuera es que no lo encuentra en casa.»

«Ya sabes, los hombres tienen sus necesidades.»

«Es verdad que, después del embarazo, te has abandonado un poco...»

«Es que, con tu trabajo, casi nunca estás en casa y él seguramente se ha sentido solo.»

«¿Crees que tiene algo que ver con que hayas subido de peso?»

«La verdad es que estás demasiado centrada en tus hijos... ¡Quizá el pobre no encuentra su lugar!»

«Bueno... te confieso que teníamos nuestras sospechas. Muy a menudo lo hablábamos entre nosotras...»

Somos conscientes de las reacciones que provoca la lectura de estas pocas líneas, pero sean indulgentes con la «estúpida»... Seguramente ella estará un día en nuestro lugar*.

---

* Y ¡cuánto nos alegramos por ello!

REGLA Nº 29

Dejaremos de decir: «¡Lo dejo todo! ¡Me quedo aquí! ¡No vuelvo a la ciudad!» Cada vez que nos vamos de vacaciones.

RUPTURA: LAS SIETE FASES DEL DUELO

Una ruptura siempre supone un momento doloroso. ¿Qué hay más trágico que la pérdida del ser querido? E incluso si tenemos la impresión de que «nosotros somos diferentes...» o «¡los demás no lo pueden entender!»

O, yendo más allá, que «nunca nos volveremos a enamorar, ¡nunca más!»

Una cosa es segura: todas pasamos por las mismas etapas.

a) La famosa psiquiatra suizo-alemana Elisabeth Kübler-Ross ha observado siete fases del duelo.

1. El *shock*
2. La negación

3. La cólera
4. La tristeza
5. La resignación
6. La aceptación
7. La reconstrucción

b) En un lenguaje más claro, sería lo siguiente:
1. «¡Dios mío, Julio me dejó!»
2. «De hecho no me dejó... Simplemente nos dimos un tiempo».
3. «¡Ese *biiiip* me las va a pagar!»
4. «Me voy a morir.»
5. «Quizá es mejor así...»
6. «La verdad, me ha hecho un favor.»
7. Acabo de apuntarme a una web de citas.

RUPTURA: NUESTRAS SIETE FASES

Sin desmerecer a la señora Elisabeth Kübler-Ross, todo esto nos parece muy teórico...

Somos más partidarias de nuestras siete etapas:

1. LA ETAPA DEL «MOJITO»:

«¡Chicas! ¡Esta noche me quiero emborrachar!»

2. LA ETAPA DE «QUE VEA LO QUE SE PIERDE»:

«Tengo que verlo mañana, ¡tengo que estar DES-PAM-PA-NAN-TE!»

3. LA ETAPA DE LA «VENGANZA»:

«¡Me voy a acostar con su amigo Pablo solo para joderlo!»

4. LA ETAPA «CURSI»:

«*¡Qué locura! Me siento totalmente identificada con las canciones de Laura Pausini.*»

5. LA ETAPA DEL «LÍMITE PATÉTICO»:

«*He ido al centro comercial para poder oler su perfume.*»

6. LA ETAPA DEL «NUEVO LOOK PARA UNA NUEVA VIDA»:

«*¡Me voy a teñir de rubia!*»

7. LA ETAPA «VACACIONES»:

«*¡Vamos, chicas! ¡Nos vamos una semana de crucero!*»

LA LEY DE LOS EX

«¡Nunca codiciarás* al ex de tu amiga!».

Evangelio según Marina

(La leyenda afirma que este evangelio se perdió a raíz de una mudanza.)

Por lo tanto, se prohíben los ex de nuestras amigas, así como los miembros de sus familias hasta el tercer grado inclusive.

---

* Codiciar = ligar.

EXCEPCIONES:

— Si la chica en cuestión ya ha salido con tu ex o con un miembro de tu familia.
— Si la chica en cuestión es solo «alguien que conocemos de vista».
— Si la chica en cuestión es una estúpida.

REGLA Nº 30

No diremos: «Tengo las nalgas gigantes», sino: «Tengo las mismas nalgas que Jennifer Lopez.»

AGRADECIMIENTOS

A las Woo girls en primer lugar, a Céline, Prunes, Audrey y Gaëtane por su amistad, a Benj, Arek, Raph y Fanny, a los miembros del Connasse Comedy Club, Christine Berrou*, Bérengère Krief, Nadia Roz y Nicolas Vital, a Nabila por su apoyo, a Christophe Absi por su confianza, y a todas aquellas y todos aquellos que han inspirado este libro, ¡se reconocerán en él!

---

* «No se ha lastimado a ningún animal durante la redacción de este libro.»

¿Perfecta? ¡Ni loca! Manual de supervivencia para mujeres "normales", de Anne-Sophie Girard y Marie-Aldine Girard
se terminó de imprimir en octubre de 2015
en los talleres de
Litográfica Ingramex, S.A. de C.V.
Centeno 162-1, Col. Granjas Esmeralda, C.P. 09810, México D.F.